DEL HOSTAL AL BUGATTI

AMADEO

LLADOS

DEL HOSTAL AL BUGATTI

Publicado por Best Seller Publishing®, St. Augustine, FL.
Best Seller Publishing® es una marca registrada.
Impreso en los Estados Unidos de América.

ISBN: 978-1966395515

Best Seller Publishing®
1775 US-1 #1070
St. Augustine, FL 32084
o llame al 1 (626) 765-9750
Visítenos en línea en: www.BestSellerPublishing.org

DEDICATORIA

A mi mujer, Thalia. Eres un ángel enviado por Dios y jamás podré agradecerte lo suficiente lo que has hecho por mí. Te amo.

ÍNDICE

PRÓLOGO

"Somos lo que hacemos repetidamente. Así pues, la excelencia no es un acto, sino un hábito."

Diez años. Diez años desde que escogí esta frase de Aristóteles para mi estado de WhatsApp. Aquel día, el 28 de enero de 2015, yo ya tenía claro quién quería ser. Y hoy leo esta frase, atribuida a Aristóteles, con orgullo. Vivimos en una época en la que todo el mundo cambia todo cada dos por tres, pero yo me he mantenido fiel a mis principios, a mi camino.

Hoy, he conseguido todo lo que en su día me propuse y me he convertido en todo lo que algún día soñé. Incluso en alguien mejor, pues me siento alineado con Dios, que siempre estuvo a mi lado, aunque yo no pudiera comprenderlo hace diez años.

Y ahora, hermano, comparto mi historia contigo para ayudarte a crecer de una forma que no tiene ni puto sentido.

MIS COMIENZOS

CÓMO CAMBIAR TU REALIDAD

Mientras tú acumulas excusas, yo acumulo supercoches.
Mientras tú descansas, yo trabajo.
Mientras tú comes, yo entreno.
Mientras tú piensas, yo tomo acción.
Mientras tú te enfadas, yo me hago más rico.
Mientras tú ves problemas, yo veo soluciones.
Mientras tú solo ves tu punto de vista, yo comprendo a todos.
Mientras tú ves una catástrofe, yo veo una bendición.
La diferencia entre ayudar y manipular está en la intención.

¿Notas la diferencia? ¡Es la mentalidad, cabrón!

Mira, lo más probable es que tengas una imagen equivocada de quién es Amadeo Llados. Es normal: todos juzgamos por la portada. Pero te voy a contar un secreto: mi portada no tiene nada que ver con quién soy en realidad.

> **Cuando termines este libro, entenderás por qué he logrado algo NUNCA VISTO, NUNCA HECHO.**

Todos empezamos igual: buscando cambios externos, persiguiendo resultados, buscando el dinero. No te sientas mal, es lo que nos han enseñado. Yo también quería ser rico al principio.

> **Pero aquí está la clave: empiezas por algo externo, pero lo que te hace no abandonar nunca es algo interno.**

Las masas, o como me gusta llamarlos, los plebeyos, venden su alma por dinero y cosas materiales. Pero los verdaderos ganadores, los guerreros de la luz, no necesitan motivación externa. Desarrollan disciplina, tienen una visión clara y una pasión inagotable.

Escúchame bien: la motivación externa se apaga fácilmente. Pero cuando tu motivación viene del alma, arde hasta que cumples tu deseo. Los plebeyos se mueven por la lógica, pero a los ganadores los mueven las únicas dos emociones que provienen del alma: el AMOR y la FE.

Los pensamientos son emociones disfrazadas que han sido creadas por tu entorno y tus experiencias pasadas. Así pues, eres lo que piensas. Tu objetivo no es pensar, sino actuar desde el alma. Debes escuchar a tu conciencia: es la voz de Dios susurrándote. Por otro lado, el arrepentimiento es tu guía. Si te arrepientes de algo, no lo repitas. Eso te aleja de tu verdadero yo, de quién eres realmente.

La vida no es un proceso de descubrimiento, sino un proceso de creación sin fin. El Creador quiere que redescubramos quiénes somos. Tu alma ya lo sabe todo: fuimos creados para experimentar lo que ya sabemos. Por eso, sigue tus deseos más profundos, aquellos que Dios inculcó en tu ser, y ellos iluminarán tu camino. Un camino que solamente se ilumina cuando comienzas a andarlo…

> **El camino nunca acaba, máquina. Cuanto antes lo entiendas, mejor.**

Ojo con esto: tanto tu pareja como las personas a las que escuchas son las dos decisiones que marcarán tu destino. Cuando estés alineado con tu mejor versión, sabrás a quién escuchar.

Mi misión con este libro y mi contenido en redes es provocar un cambio interno en ti. Porque sé que es lo único que atraerá ese cambio externo que tanto buscas.

Te lo aseguro: cuando te sumerjas de lleno en mi contenido y conectes con mis mensajes, verás la vida de otra manera. Por primera vez, entenderás cómo vivir la vida con la que siempre has soñado.

Todos somos especiales, todos somos hijos de Dios. La única diferencia es que algunos lo sienten antes. El mundo no es como es, sino como tú eres. El mundo te ve como tú te ves.

Yo soñaba con vivir del fitness, tener un Lamborghini, vivir en Estados Unidos. Perseguir esos sueños me llevó a redescubrirme.

Cambia cómo te percibes y el mundo cambiará contigo.

CÓMO FUNCIONA EL MUNDO

Es muy importante que entiendas la intención con la que escribo este libro. A fin de cuentas, máquina, estás a punto de invertir tu tiempo y tu energía, tus activos más valiosos, en leerlo.

> **El primer paso para lograr el éxito es aprender a invertir tu tiempo en actividades que te traigan un gran retorno.**

La frase anterior es potente, te hace pensar. Y ese es mi principal objetivo con este libro: que empieces a pensar por tu cuenta. No huyas de tu realidad, enfréntala.

Hermano, no existe una verdad o mentira universal, sino distintas perspectivas a la hora de ver e interpretar el mundo. Cada persona tiene la suya, influida por sus creencias, su entorno y sus propias experiencias. Es como *faaak*, ¡todos vivimos en mundos diferentes!

Una de las razones de mi éxito ha sido mi capacidad para comprender situaciones complejas y comunicarlas de una manera súper simple para que todos me entiendan. Te voy a dar un ejemplo de dos perspectivas totalmente opuestas frente a una misma situación:

Situación: Un hombre de unos 28 años, musculoso y lleno de tatuajes, camina directamente hacia una mujer que pasea por la misma acera.

Mujer A: Tuvo una mala experiencia con un tipo que abusó de ella.

Mujer B: Su hermano, que es un crack y dedica su vida a servir a los demás, es musculoso y está lleno de tatuajes.

¿El resultado? Ya te lo imaginas.

La mujer A cruza a la acera contraria, la mujer B sigue su camino. Mismo tío, reacciones opuestas.

> **Para comprender cómo funciona el mundo, primero tienes que entender cómo funciona tu mente. El mundo no es como es, sino como tú eres.**

El sistema educativo tradicional no tiene ningún *fakin* sentido. Te da una lección y después un test. La vida real te da un test y luego aprendes la lección. El sistema te ofrece un conocimiento anticuado, mientras que yo te doy sabiduría, esto es, conocimiento aplicado. Los hábitos construyen la vida de tus sueños, pero también pueden destruirla.

En la escuela no te permiten resolver los problemas planteados en un examen colaborando con otros. En la vida real, si no aprendes a trabajar en equipo, estás jodido. Te enseñan que el profesor siempre tiene la razón y que no puedes tomar tu propia iniciativa, ya que la única verdad es la del profesor y los únicos pensamientos correctos son los suyos. ¿El objetivo? Crear buenos empleados y esclavos, no líderes. Te imponen su "verdad", que es una mentira en realidad, y sus "pensamientos", cuyo fin es mantenerte atrapado y con miedo.

Ser inteligente no es memorizar para un examen: eso es tener buena memoria. Ser inteligente es poder cambiar tu reacción ante una misma situación lo más rápido posible.

> **En el mundo real, no te van a pagar por lo que sabes, sino por lo que puedes hacer con lo que sabes.**

Por eso tenemos a profesores universitarios con muchísimo conocimiento que no saben aplicar, y luego me tienes a mí, que abandoné periodismo en cuarto año y pasé de fregar platos con 50 $ en el banco en 2015 a ser millonario en 2018.

Si tu objetivo en esta vida es ser uno más, deja de leer este libro ahora mismo. Pero si quieres lograr lo que tu entorno califica como imposible y una locura, ponte cómodo porque eres de los míos: ¡un ganador!

Mi objetivo no es cambiarte, pues eso es imposible: nadie te puede cambiar. Mi objetivo es darte el poder para que tú cambies. Una de mis reglas más importantes es escuchar únicamente a personas por las que intercambiaría mi vida. Ahora ya sabes que no hay verdades y mentiras absolutas, sino perspectivas y opiniones.

Tu mejor vida no es negociable. Tu visión no está sujeta a debate. A lo largo de este libro te voy a ayudar a entender cómo puedes hacer los cambios necesarios para mejorar tu vida.

> **Y una última cosa: la libertad no es económica. Esa es una gran mentira del sistema. Ninguna cantidad de dinero te hará libre si no eres libre espiritualmente. La verdadera libertad es espiritual.**

MI HISTORIA

Hermano, mi historia no es un cuento de hadas. Es real, es dura, y es lo que me ha hecho ser quien soy hoy.

Crecí en una familia de clase media que lo sacrificó todo por mi sueño de ser piloto de motociclismo. Mi padre acabó tan endeudado que tuvimos que dejarlo. Eso me marcó. Solo tenía una opción: ganar en la vida, sacar a mi familia del agujero en el que yo les había metido. Esta etapa me hizo un hombre sin miedo a nada, ni tan siquiera a la muerte. Me jugaba la vida cada vez que salía a la pista. Quedé inconsciente varias veces, incluso perdí amigos en la pista.

> **Con 20 años entré en una crisis existencial. Mi vida no tenía sentido, no tenía un propósito definido.**

Empecé a trabajar de prácticas y estudié periodismo, pero lo dejé en cuarto año. Después de trabajar media jornada generando 600 euros al mes, sabía que lo máximo a lo que podía aspirar era un salario de 1.200 euros que, muchos años después, no superaría los 2.000 euros.

Detestaba ir a trabajar. Lo único que me gustaba era el gym. El gym me salvó de la fiesta, del alcohol y de las drogas. Ya había empezado a tontear con la cocaína, pero el gym me salvó. Dejé de ver a mis amigos porque nadie quería ir al gym y todos solo querían salir de fiesta y beber.

> **Sabía que debía hacer algo radical, así que me fui a Australia a perseguir mi sueño de ser entrenador personal.**

Tras dos años de sacrificio, de dormir 4-5 horas al día, acabé siendo entrenador personal en un gym. Acabé contando con una cartera llena de clientes fidelizados, de lunes a domingo, con la que generaba unos 15-18K al mes. Pero de nuevo caí en un vacío existencial... y fue entonces cuando descubrí que el dinero no es sinónimo de felicidad.

Me sentía vacío y no era feliz, así que volví a ver a mi familia y amigos tras haber pasado dos largos años fuera de casa. Solamente necesité un par de días en España para que, al ver que todo seguía igual que cuando me fui, me sintiese todavía más deprimido. Me chocó mucho darme cuenta de que yo ya no era aquel chico que se marchó de su país, que ya no pensaba igual y que ya no me sentía identificado con nada de mi antiguo entorno. Así que me marché de nuevo a los pocos días para buscarme la vida, pero esta vez a los Estados Unidos.

Empecé trabajando de forma ilegal en una tienda de tintado de coches y me busqué la vida. Mi negocio de coaching online comenzó a despegar, hice mis primeras inversiones en coaches y mentores, vacié mi cuenta bancaria dos veces invirtiendo en mí. Me costó seis largos años generar 2K al mes como *coach online*, pero entonces logré despegar. En 2018, ya era millonario.

Todo es gloria de Dios.

Lo había logrado... ¡Estaba viviendo la vida que siempre soñé! Lambo, vivir del fitness, la mujer de mi vida a mi lado, una casa en USA, viajar por el mundo, muchísima gente que me quería, transformar el físico de muchísimas personas... y pese a ello, pese a haber logrado todo eso, llegó de nuevo EL VACÍO, y este fue el peor de todos. No entendía por qué.

Lo tenía todo, pero era infeliz.

Tras escuchar a los coaches equivocados, había automatizado mi negocio. Me salí de lo que había ido creando durante todos esos años... *Llados Fitness* ya no era yo, era un equipo, y yo había dejado de atender personalmente a mi gente. En aquel entonces no supe ver que era precisamente esto lo que me dejó vacío y solo... ¡Pero ahora lo veo claro!

Comenzó entonces la época más peligrosa de mi vida. Entré en una espiral descendente de fiestas, alcohol, mujeres y drogas. Mis grandes problemas: las drogas y las mujeres. Literalmente, el universo hizo que mi mujer Thalia se cruzara en mi vida porque sin ella, sinceramente, ahora habría muerto por sobredosis de cocaína o seguiría perdido en una vida que solo acaba en oscuridad.

Con lo más preciado que tengo en este mundo, la mayor bendición que me ha dado Dios: mi ángel, mi mujer Thalia.

El día en que sentí que me desmayaba después de una noche de locura metiéndome rayas en el stripclub… sobrevivir a aquello me hizo darme cuenta del grave problema que tenía.

Escapaba de mi vida porque no tenía lo más importante: una relación verdadera con otras personas, con mi gente.

Ahí estaba mi mujer, pero yo no le prestaba atención, estaba en otro mundo. Ella es la mujer más buena que he conocido. Aguantar a mi lado en aquella época es algo que le voy a agradecer siempre… Es más: cuando nos conocimos, años antes de aquel antes y después, yo no tenía nada. ¡Thalia se merece el mundo y yo se lo estoy dando!

Debes ser agradecido en esta vida.

Mi coach y ahora amigo Wes Watson me salvó. Nadie había logrado sacarme de las drogas y la fiesta, pero él sí. ¿Por qué? Porque él estaba viviendo la vida que yo quería, generando millones al mes como coach y respetándose a sí mismo sin fiesta ni drogas. Cogí su coaching VIP y bam, de un día para otro dejé toda esa mierda atrás y nunca volví a ella.

Ahora soy el hombre que siempre he admirado y respetado. Mazado, millonario, sin vicios, sirviente, que no falla ningún día. Y lo más importante: soy completamente feliz, vivo el presente y estoy totalmente aislado del mundo exterior. Mi vida son mis alumnos, mi familia y ganar cada día para inspirar a millones de hombres y mujeres a ser su mejor versión.

Esta es mi historia, máquina. Y ahora, ¿cuál va a ser la tuya?

CÓMO MATERIALIZAR TODOS TUS DESEOS

Máquina, todo lo que tengo ahora lo he construido yo solo con mis manos. Mucha gente piensa que mis padres me han dado dinero. Pues no, yo no tenía nada. Ahorré, ahorré y ahorré. Con mis ahorros me compré un billete a Australia y, con lo poco que me quedaba, me lo curré todo allí desde cero.

La gente cree que mi vida es cómoda porque vivo en una mansión. Pero yo hago que cada día sea incómodo. No me gusta estar cómodo. ¿Por qué llevo esta rutina de disciplina y sacrificio? Porque quiero estar incómodo. Cuando me acomodo o veo mucho dinero, lo malgasto. No quiero comodidad. El confort es la enfermedad que mata al ser humano.

> **El mayor superpoder es el autodominio: poder dominarte a ti mismo. Si dominas tu mente y tu cuerpo, puedes dominar cualquier cosa.**

Entiende esto: el dinero fluye, no se genera. No crece de las plantas ni cae del cielo. El dinero es una transferencia. ¿Por qué viene a mí? Porque hay gente que me lo transfiere, gente que confía en que puedo solucionarles un problema.

El tipo que está en su sofá, con una panza, mileurista y con hijos, que no cree que pueda hacer una mierda, ¿quién le va a dar dinero? ¡Ni siquiera él está apostando por sí mismo!

Yo entro en una sala y digo: "Soy el mejor aquí, nadie me gana." Soy el puto amo y lo siento. Tengo esa confianza en mí. Apuesto por mí una, dos, tres veces, todo mi dinero. Y no te hablo de estar en España con mis papás, pensando "voy a poner todo mi dinero y, si sale mal, mi mamá me hace la *fakin* comida." No, cabrón: te hablo de estar en Australia, el país más lejano del mundo para un español, y poner toda mi pasta. Si no tengo nada, estoy en la puta calle.

> **Toda mi vida es volátil. Todo es volátil. Todo lo que hago es volátil. Cuando entiendas que está en tus putas manos cambiar tus ingresos, tu físico, es cuando lo vas a hacer. Si no tienes lo que quieres, es porque no has trabajado cada día para conseguirlo. Punto.**

Yo veo el juego a largo plazo, no a corto. La gente piensa a corto: "¿Cómo puedo hacer pasta hoy, este mes?" Si de verdad quieres crecer, tienes que pensar a largo plazo. La gente me ve comprarme un Richard Mille o un Lambo y flipan, pero no entienden que son muchas victorias pequeñas apiladas durante años. Tan pequeñas como levantarme a las 4:30 AM, ir al gimnasio, leer, reflexionar, escribir, postear y servir.

Las excusas de los plebeyos que no quieren esforzarse, que no quieren sufrir, son siempre las mismas: "Oh, es un niño de papá", "Ha tenido suerte" o "Esa mujer es puro plástico." *Bro,* ¡pero si es lo que se ponen todas! Los plebeyos ponen esas excusas porque no quieren admitir que no están dispuestos a currar.

> **Todos los que están viviendo una vida increíble han pasado por lo que tú estás pasando ahora. Esa fase en la que te sientes solo, en la que nadie te comprende, en la que todo el mundo te dice que dejes de perder el tiempo.**

Mi fase duró entre dos y cuatro años, y al final me cansé tanto que me fui de mi país. Hasta mi familia, mi padre, mi madre, todos me decían que el fitness no me iba a dar de comer.

No abandones, bro. Es completamente normal que tu entorno actual no te entienda porque no está preparado para aceptarte. ¿Sabes cuál es una señal de que vas por el camino correcto? Cuando empieces a recibir *hate*. Porque, por primera vez en tu vida, estarás poniendo incómodos a los demás.

Para mí fueron años, *fakin* años en los que nadie creía en mí. Se reían de mí hasta en el gimnasio en Australia. Me veían con mis pantalones cortos, sin músculos, y me señalaban con el dedo y se reían. A mí me la pelaba.

> **Hay una puerta frente a ti. Es tu decisión si quieres seguir el camino y entrar, o si quieres darte la vuelta y volver a la Matrix. ¿Vas a seguir echándole huevos y entrar en la nueva dimensión?**

Cuando dejes de poner excusas, tu vida cambiará radicalmente. Asume la responsabilidad de todas tus acciones y admite que estás mal cuando estás mal. Esto te va a llevar lejísimos.

Nadie ha cambiado su vida sin quedarse solo. Es imposible. Si aún no te has quedado solo, te vas a quedar. No sé por cuánto tiempo, pero esa es la fase que atraviesa todo ganador. Es esa fase de soledad, de reflexión, de paz, de conectar con tu alma y descubrir quién eres. Es cuando te vuelves fuerte y dejas de depender emocionalmente de los demás.

Para mí, es la fase de la que guardo los mejores recuerdos. Es la que forjó al Llados de hoy. Es una fase brutal que nunca más vas a volver a experimentar. Disfrútala, porque los inicios son lo más bonito, mucho más que el resultado. Recuerda: lo mejor es el proceso, el ahora.

CÓMO PASÉ DE FREGAR PLATOS A TENER UN BUGATTI

Crecí como un chaval normal en un pequeño municipio del norte de Madrid. En el colegio sufría bullying, tenía gafas, no jugaba bien al fútbol... En fin, nadie habría apostado nada por mí. Sin embargo, yo siempre supe que el colegio era una simulación, que no era la vida real.

En la vida real, hermano, he pasado de apenas poder permitirme el bono mensual de 50 euros del bus a elegir entre 12 supercoches para ir al gym. Bugatti, Lambos, Rolls Royce, Porsche, Ferraris, McLaren... lo que me dé la gana.

He pasado de vivir en un hostal de 30 $ la noche a una mansión de 22 millones de dólares en una de las mejores islas de Miami. De no tener confianza en mí mismo y no poder mirar a una chica a los ojos, a tener la mujer más preciosa del mundo y las amigas más top. De ser invisible a ser el centro de atención allá por donde vaya. De generar 600 euros al mes en una tienda de suplementos a más de 1 millón de dólares en un mes como *coach online*. De ser un palillo a tener el físico de mis sueños.

Mi transformación física: año 2014 vs año 2018.

Este libro no es el típico "10 pasos para hacerte millonario." Esa mierda no existe. El camino de cada persona para lograr el éxito financiero es distinto, nadie empieza con las mismas circunstancias. Yo no me hice millonario vendiendo cursos para hacerse millonario. Me hice millonario como *Coach Online* de Fitness, fui el primer *Coach Online* de la historia en conseguirlo. ¡Abrí el camino para todos los demás!

> **Hoy ves a gente abriendo cuentas en redes sociales para enseñar a otros a ganar dinero en algo donde ellos no han generado ni un céntimo. Es lo más hipócrita que he visto nunca.**

Este libro no va de que ganes dinero, va de que entiendas tu propósito y te encuentres a ti mismo a través de la ayuda que ofrezcas a los demás. Crear tu mejor versión y ayudar a los demás hará que el dinero fluya hacia ti como una consecuencia natural de quién eres. No trabajamos para adquirir cosas y experiencias, sino que trabajamos para SER y como consecuencia adquirimos.

> **Este libro es tu guía, no solo para ser tu mejor versión y ayudar a otros, sino para definir tu existencia y tu propósito. Una guía para cuidar de los cinco pilares de una vida exitosa: cuerpo, mente, relaciones, dinero y espíritu.**

Yo he conseguido dominar estos cinco pilares, y en el siguiente orden.

El primer pilar que logré dominar fue mi cuerpo a través de continuos entrenamientos y de trackear mis macros diariamente. Dominar mi cuerpo me llevó a dominar mi mente. Porque sin un cuerpo en forma física de élite, es imposible crear una mente fuerte.

Al dominar mi cuerpo y mi mente, logré amarme y respetarme. Fue entonces cuando logré atraer grandes relaciones, como la que mantengo con Thalia, mi mujer, con quien llevo felizmente casado nueve años, y con el resto de las personas especiales que me rodean. Cuando la gente piensa en el éxito, se olvida de los que tiene alrededor. No mires el éxito como algo individual, asegúrate de que tu gente también gane. Prefiero vivir 33 años rodeado de grandes personas que 70 años viviendo una mentira a solas, con dinero, pero rodeado de gente falsa.

El siguiente pilar que dominé es el dinero. Gracias a mis hábitos y mi mindset inquebrantable, logré atraer más dinero del que jamás pude haber soñado. Y, sin embargo, tras unos años de experimentar una vida con grandes cantidades de dinero, noté que me faltaba algo. Estaba un poco perdido, escapando de mi vida con drogas y mujeres ajenas a mi matrimonio, y no logré salir de ese estado hasta que me adentré de lleno en el mundo espiritual tras sufrir un grave accidente de moto y una sobredosis que casi me cuestan la vida. Comencé a leer la Biblia y a acercarme a Jesús y, por ende, a Dios. Cuando te adentras en el mundo espiritual, te vas a otro nivel: desde que entregué mi vida, mi propósito, mi negocio y mi relación con mi mujer a Jesús, todo cambió. Desde entonces, he encontrado una paz y una plenitud que jamás había experimentado antes y he dejado de desear más cosas mundanas como coches, dinero, mansiones más grandes, etc.

Así pues, cuando termines de leer este libro, tú también verás claro lo que diferencia a los que solo ganan dinero sin propósito y se destruyen poco a poco, de quienes se convierten en iconos cuyo mensaje de salvación perdura y marca el camino para las siguientes generaciones. Gracias a este libro, tú también acabarás conociendo y dominando los cinco pilares. Trabajar solamente por dinero es autodestruirse, pero trabajar con propósito y conectado con Dios es amor.

EL EVENTO QUE TE HACE O TE ROMPE

Presta atención, porque esto es clave: trabaja duro, pero no por el dinero, que es limitado, mundano y pasajero. Trabaja por lo que permanece eternamente: el alma. Hacerlo te abrirá las puertas del cielo.

No busques hacer realidad tu propia voluntad, sino la del que te envió. Si esto te suena a chino, si no crees en Dios, tranquilo. Te lo digo de otro modo para que tú también puedas GANAR en la vida:

> **Haz caso a tu conciencia, a esa voz interior que te habla todo el rato. Es la voz que te llevará a cumplir tus deseos, a descubrir quién eres, a entender por qué estás en este planeta. Te llevará a tu propósito.**

Máquina, sé lo que es trabajar sin propósito. Lo he vivido y es una mierda. La vida no tiene sentido, todo cuesta. Es el peor lugar donde puedes estar. Pero si estás aquí ahora, relájate. Ten FE. Sigue tu voz, aplica lo que te enseño en este libro, déjate la piel trabajando y te aseguro que todo tendrá sentido.

Hay una fase en la vida que todos vamos a experimentar. Esa fase en la que crearás y te convertirás en la persona que admiras, o en la que te autodestruirás mientras te hundes en un agujero muy oscuro y profundo. Sentirás un dolor que te dejará desnudo por dentro y te abrirá los ojos para que puedas ver la vida real, no la que has vivido hasta ahora en tu pequeño pueblo, empleo, familia o en la universidad. Se trata de un mundo completamente nuevo: la vida fuera de la Matrix.

> **Esa fase es AHORA. Te estás enfrentando a tu único enemigo: tú mismo.**

¿Cómo lo sé? Porque estás leyendo mi libro. Eso significa que tienes preguntas, que quieres vivir la vida con la que siempre has soñado, que no te conformas con ser uno más, ¡que estás cansado de perder cada día y que quieres empezar a ganar!

Te has hecho una promesa. Una de muchas. La diferencia es que en este libro tienes las herramientas para no fallar. No puedes fallar en tus macros, en levantarte cada día a las 5:00 AM, en decir no a los vicios, en no juntarte con perdedores. Si fallas ahora, sabrás que nunca lograrás nada. Es hora de ganarte la batalla a ti mismo.

> **Cuando dudes, cuando vayas a fallar, cuando alguien te quite la fe... Coge este libro y lee lo que hayas subrayado.**

Esos momentos van a venir, es normal. Pero recuerda: **no tienes una mala vida, tienes un mal momento.** La solución es leer algo positivo y acercarte a alguien que tiene los resultados que quieres y te da FE, alguien como yo.

Empezarás a ver la verdad después de tantos años viviendo una mentira. Verás quién opera desde el miedo y quién desde el amor. Te darás cuenta de que todo tu entorno es miedo, y que este proceso te hace operar solamente desde el amor. No habrá vuelta atrás, te quedarás solo, te convertirás en una bestia, crearás esa persona que cumplirá todos los deseos que tiene desde pequeño. ¿Cómo lo sé? Simple: porque yo he pasado por eso. Yo, y mis miles de alumnos.

No puedes avanzar hasta que te deshaces de creencias limitantes, relaciones muertas y entornos tóxicos. Entonces pasas a alinearte con tu mejor versión y encuentras tu paz interna. Así podrás crecer como persona, desarrollarte sin pedir disculpas a nadie, con valentía, y recibir las lecciones de la vida real, esas que te mostrarán quién eres en realidad. Ya sabes el dicho: "Lo que no te mata te hace más fuerte."

> **Esta fase es dura, incluso insoportable a veces, pero te revelará quién eres en realidad. Te habrás embarcado por primera vez en ese gran camino llamado propósito.**

Para mí, esta fase supuso alejarme de mi familia, amigos, novia y país, dejar la universidad, vaciar mi cuenta varias veces para invertir en mí, emigrar de España a Australia.

La transformación está a punto de comenzar. ¿Sientes la adrenalina, hermano? Porque esto no va a tener ni sentido.

LAS DOS FASES DE TODO GANADOR

Lo que te voy a contar ahora es la base de todo: las dos fases de todo ganador. Mucha gente se pierde porque no entiende estas dos fases clave. Vamos a ver cómo funcionan y cómo pueden cambiar tu vida por completo.

> **La primera fase de todo ganador es la autorrealización.**

¿Quieres saber la fórmula para cumplir un deseo? Es simple:
DESEO (Alma) + **FE** - **PENSAMIENTO** (Mente) - **PALABRA** (Poder) - **ACCIÓN** (Materialización) = **RESULTADO**

Máquina, el secreto está en el proceso: es ahí donde encuentras la felicidad. No puedes tener lo que quieres, pero sí puedes experimentar lo que tienes. Si no te vuelves un experto en valorar lo que ya tienes, nunca te sentirás agradecido, y la gratitud es la clave para ser feliz.

Ahora voy a decirte algo que te va a volar la cabeza:

> **Cuando dejas de trabajar, empiezas a morir.**

La realidad es que el 99% de la población trabaja solamente para generar dinero y jubilarse. Ahí está el problema. Así nunca serás feliz. Lo importante es trabajar con un propósito. Cuando yo fregaba platos, no lo hacía solo por la pasta. Tenía un propósito: vivir la vida de mis sueños. Cada plato, cada ladrillo, cada flyer... era un paso más hacia la vida que tengo ahora.

> **Cuando vives sumergido en un propósito, todo es fácil. Y, al contrario, cuando no tienes un propósito, todo es difícil.**

En esta fase tienes que trabajar en ti, no en los demás. Tú eres el que te frenas con tus limitaciones, tu falta de fe, tus pensamientos negativos y tus excusas. Deja de huir de esta realidad.

Recuerda: todos los sentimientos del alma son positivos. El alma solo conoce el amor y la FE, que son con los que Dios te trajo al mundo. Los pensamientos negativos surgen en la mente a través del MIEDO. Eso es el diablo, el sistema, la Matrix.

> **La segunda fase de todo ganador es la autotrascendencia. Se divide en CUERPO, MENTE, RELACIONES, DINERO, y ESPÍRITU.**

Cuerpo: Tienes el cuerpo que todos quieren y por eso acuden a ti pidiendo consejo. Te paran en la calle para preguntarte cómo te has puesto en forma, te llueven DMs en Instagram preguntando por tus bíceps.

Mindset: Has conseguido dominar tu cuerpo, y por ende ahora eres capaz de dominar tu mente y crear los pensamientos que te van a permitir materializar tus deseos. Llegado a este punto, las personas se sienten atraídas hacia ti por tu fortaleza mental.

Relaciones: Atraes a personas de calidad, a las mujeres que todo hombre quiere, a personas de éxito. Te relacionas con personas TOP y todo el mundo quiere acercarse a ti.

Dinero: Generas mucho dinero y todos quieren aprender cómo lo haces. Esta es una fase que no puedes perseguir. Quienes lo hacen son los vendehumos, los que te mandan mensajes ofreciéndote cursos o consejos, los que te quieren enseñar a hacer cosas que ellos no han hecho, los que quieren beneficiarse de ti económicamente y a quienes no les importas.

Espíritu: Conectas con Dios y, por ello, eres capaz de comunicarte con las almas de las personas gracias a lo alineado que estás con la tuya y con el Creador. La gente te busca para encontrarse a sí misma y alcanzar la libertad espiritual.

Y aquí está la clave final: comparte tu sabiduría y lo que a ti te ha cambiado la vida de forma gratuita en las redes sociales. Esto atraerá a más gente que desea aprender de ti.

A NADIE LE IMPORTA TU ROLLS ROYCE SI TIENES PANZA

Si pones las cosas materiales por encima de tu carácter y salud, no te sorprendas cuando mires a tu alrededor y te des cuenta de que tu círculo es una puta mierda tóxica. Piénsalo, máquina: si no tuvieras ese dinero, ¿todas esas personas seguirían ahí? Es triste pensar que todo tu círculo está contigo única y exclusivamente por tu dinero. Esas relaciones son falsas, bro.

Nunca te voy a vender humo. Todo lo que te digo es porque me ha funcionado a mí, literalmente. No voy a suavizar las cosas ni a hablarte como a un blando para no ofenderte. La energía es el idioma universal, y esta transferencia de energía de mí hacia ti es para que le eches huevos a la vida y hagas lo que tienes que hacer cada puto día.

Tienes una elección que hacer: puedes ser un hombre o una mujer de verdad, viviendo en congruencia con tu conciencia, o puedes ser un débil de mierda que decide no vivir alineado con quien realmente eres.

El débil con sus tattoos, con sus vicios, que no está en forma, que persigue el placer fácil cada día... ese cabrón se falla a sí mismo y a su familia eligiendo siempre la ruta más fácil, dando el peor ejemplo posible.

Si no vives alineado con tu ser, entonces vives para tu EGO, y así siempre estarás vacío y siempre necesitarás algo más.

¡El mundo está plagado de débiles! Son débiles físicamente, no trabajan duro, no tienen carácter ni principios, se validan solamente con el dinero y todo lo que hacen es incongruente con su conciencia y con las leyes universales. Y lo peor es que todos estos débiles saben las respuestas. Saben que no deben beber alcohol, saben que no deben salir de fiesta, saben que no deben perder el tiempo, saben que deben ser el ejemplo para su familia, saben que deben estar en forma... ¡pero eligen no hacerlo porque son débiles!

Los débiles se enfocan en sus puntos fuertes, ignoran sus problemas y viven una vida incongruente llena de culpa y vergüenza.

Si estás leyendo esto y te sientes identificado, entiende que puedes elegir. Puedes seguir viviendo como un débil y elegir el camino fácil cada día... o puedes convertirte en ese nuevo hombre o mujer obsesionado con el desarrollo personal, que no falla, que es el mejor ejemplo a seguir, que se siente feliz al no recurrir al placer inmediato como sí hacen los débiles, que está listo para cualquier desafío. Alguien con un corazón enorme y buenas intenciones, que trata a los demás como quiere ser tratado.

No pretendo que seas como yo. Únicamente quiero darte el poder de cambiar. Todo se reduce a que tomes una decisión en tu mente y no te falles.

> **Un libro no puede cambiarte, pero sí puede cambiar la dirección de tu vida.**

EL CAMINO AL PROPÓSITO EMPIEZA SIEMPRE DE MANERA EGOÍSTA

Mira, *bro*, todos empezamos igual. Cuando consigues tu primer empleo, lo único que quieres es dinero para comprarte algo. Yo empecé a emprender a los 13 años, comprando carcasas de móvil en China para revenderlas en España. ¿El motivo? Generar dinero para comprarme algo.

Cuando empecé a ir al gym, lo hice porque quería abdominales para impresionar a las mujeres. Acudía al gym para poder ligar más. Todo empieza así: de manera superficial, egoísta, porque quieres sentirte bien. No es incorrecto ni tiene nada de malo. Repito: todos empezamos así.

Pero si no tienes un objetivo claro, vas a abandonar. Cuando yo empecé a entrenar en el gym, quería esos abs. Entrenaba todos los días, me esforzaba, pero no veía resultados. No sabía lo que hacía hasta que me di cuenta de que la nutrición era la clave. No bastaba con entrenar solamente.

En cuanto entendí que la comida lo era todo, aprendí lo que eran los macros y empecé a contar calorías. En solo un par de meses ya tenía los abs que había estado deseando. Cuando llegué al punto de tener abs, ahora no me parecían lo suficientemente definidos. Entré en una espiral donde nunca era suficiente.

Como todo en la vida, crees que cuando consigas lo que quieres, estarás satisfecho. Pero no, para nada: siempre quieres más.

Así pues, llegué a la fase de compararme con los demás y me puse como objetivo competir en *Men's Physique*. Toda esa comparación, toda esa obsesión por tener el mejor físico, me llevaron sin darme cuenta a desarrollar un trastorno mental llamado vigorexia. Siempre me veía pequeño, nunca me sentía lo suficientemente definido.

Cuando conocí a mi mujer, Thalia, ella me hizo ver que ya tenía un gran físico. Poco a poco dejé de compararme y superé ese trastorno mental. Eso me llevó a otro nivel en la vida.

Con el dinero me pasaba lo mismo. Lo perseguía sin parar, mi único objetivo era generar dinero. Trabajé en muchos empleos, intenté montar varios negocios, pero nunca llegaron las grandes cantidades que esperaba. ¿Sabes qué pasó? Llegó un punto en el que me cansé. Ni siquiera sabía qué cifra quería.

Así pues, decidí centrarme en vivir del fitness, que era mi pasión. Le dediqué seis años al 100% para construir mi audiencia. Lo disfrutaba mientras tenía empleos normales, hasta tres a la vez en Australia, para poder sobrevivir.

Pasaron unos siete años de trabajo masivo para que llegase a ser millonario. Conducía el Lambo que siempre soñé. Vivía en una casa en Estados Unidos como siempre quise. Tenía la mujer que siempre soñé. Viajaba por el mundo.

Y, sin embargo, *bro*, me sentía vacío. No era feliz.

Empecé a escapar de mi vida con vicios: alcohol, drogas, fiestas y mujeres. Desarrollé una adicción a la cocaína. Estuve a punto de sufrir una sobredosis después de pasar toda una noche en un stripclub. En otra ocasión, un coche me atropelló mientras yo iba en mi moto.

Mientras la ambulancia me llevaba al hospital a toda velocidad, creí que nunca volvería a andar. No podía sentir mi espalda. Mi vida dio un gran giro.

Me di cuenta de que estaba siendo un desagradecido. Perseguía el dinero sin un propósito definido.

> **Hermano, me llevó treinta años darme cuenta: ¡la vida no es ni más ni menos que un test de gratitud que se resetea cada día!**

Solo debes ser agradecido con la oportunidad de tener un día más y tomar acción masiva. Porque el agradecimiento es acción.

Máquina, estos valores y principios me cambiaron la vida:

- Propósito sobre placer
- Adquiere lo que admiras
- Construcción a través de hábitos
- El superpoder es ser agradecido
- Encarna tu enseñanza

Aplícalos, ¡y los cambios en tu vida serán MASIVOS!

CADA "NO" ES UNA BENDICIÓN

Qué vueltas da la vida…

Apliqué para trabajar en Starbucks y no me aceptaron.
Apliqué para trabajar en la Apple Store y tampoco me aceptaron.

Recuerdo perfectamente que gastarme 5 $ o 6 $ en un Starbucks era un puto lujo para mí. Lo hacía a veces para premiarme, y ahora sin embargo llevo 250K en la muñeca y puedo invitar a toda mi gente a Starbucks sin preocuparme de lo que cuesta.

¿Lo ves? De que me rechazaran para servir café, a poder comprar la cafetería entera si quisiera. Así de loca es la vida cuando no te rindes y persigues tus sueños con todo.

No escribo esto para presumir, lo hago para que veas qué ocurre cuando te niegas a conformarte con un "no." Los "noes" que más duelen son los que te darán el hambre necesaria para lograr grandes cosas. Si yo pude, tú también puedes. Solo necesitas tener los huevos para seguir adelante, pase lo que pase.

CUANTO MÁS QUIERES, MÁS POBRE ERES

Escucha esto, bro: en 2015 tenía 50 dólares en mi cuenta bancaria. Básicamente, era pobre. *Fakkk*, estaba fregando platos y trabajando como obrero en Australia, viviendo en una litera de un hostal, compartiendo habitación con 16 personas.

El hostal donde vivía en 2016. Llegué a USA como inmigrante, solo con una mochila y todas las ganas de reventarlo.

Desde pequeño, siempre supe que iba a hacer algo grande en la vida. Pero salir vivo de aquel accidente de moto... aquello me confirmó que el universo me había regalado una vida extra, mi "bonus round" personal. Y créeme, sé que esto viene con una condición: dedicar mi vida a salvar a otros. Desde ese día, me convertí en un servidor.

Antes del accidente estaba vacío por dentro. Lo tenía todo y, aun así, necesitaba más, escapando de ese vacío con drogas, mujeres y fiesta. Ahora vivo agradecido, realizado, feliz porque tomo acción masiva cada día sirviendo a los demás. Mi propósito es evitar que otros sufran el dolor que yo conocí. Ver el brillo en los ojos de mis alumnos, sentir su agradecimiento... Estas conexiones son de lo que trata la vida.

> **Es mejor no tener nada y no necesitar nada, que tenerlo todo y querer más.**

En cualquier proceso de la vida, son los pasos que tienes que dar los que te aportan la satisfacción, no el resultado final.

Comprarme un Lamborghini significó tanto para mí por lo duro que fue el camino, no por tener el *fakin* coche. Cuando me compré el primer Lambo, conduciendo de vuelta a casa, me emocioné. No por el coche, sino recordando los momentos duros que me habían permitido comprarlo: esos momentos sin dinero, durmiendo en el suelo, comiendo latas de atún con arroz, matándome en tres trabajos para sobrevivir.

> **El trabajo infunde valor. Si no crees que te lo mereces, nunca lo conseguirás**

Me encanta acumular cosas materiales, ¿y sabes por qué? Porque cada nuevo objetivo que me marco me emociona por el proceso necesario para lograrlo. Tan pronto como me compro un nuevo coche, ya me estoy marcando otra meta y empieza otro desafío. Soy adicto al proceso de obtener resultados brutales, no a los resultados en sí. Al final, da igual que se trate de unas zapatillas de 50 € o un Bugatti de 3,8 millones: lo importante es el proceso. Sin el proceso no somos nada.

> **La persona que se enorgullece del proceso necesario para obtener el resultado y no del resultado en sí... ¡esa es la persona imparable!**

Siempre debemos vivir de una manera que admiremos. Esto es lo que hago a diario: ejercicio, lectura y desarrollo personal.

Sigue leyendo, porque lo que viene a continuación te va a volar la cabeza.

EL MUNDO ESTÁ AL REVÉS

Para un segundo, mira alrededor tuyo: todo está al revés, todo está boca abajo.

- Los doctores destruyen la salud. ¿Lo ves? Te llenan de pastillas en vez de enseñarte a cuidar tu cuerpo.
- Las universidades destruyen el conocimiento. Te meten información inútil en la cabeza en lugar de prepararte para la vida real.
- Los "amigos y familia" destruyen la fe. Te dicen que no puedes, que es imposible, que te conformes con lo que hay.

> **El camino para escapar de la Matrix está enfrente de ti, lo que pasa es que no lo ves.**

Máquina, estás tan metido en el sistema que ni te das cuenta de que hay otra forma de vivir. Pero tranquilo: yo estoy aquí para abrirte los ojos, para mostrarte que hay un camino diferente. Un camino donde tú tomas el control de tu salud, de tu educación y de tu fe.

No es fácil, te lo digo ya. Vas a tener que luchar contra todo lo que te han enseñado, contra lo que la sociedad espera de ti. Pero *fakkk*, ¡al otro lado de esa lucha está la vida con la que siempre has soñado! Es ahí donde encontrarás la libertad para ser quien realmente eres, de hacer lo que quieres en realidad.

Así que la pregunta es: ¿estás listo para ver el mundo como es realmente y no como te han dicho que es?

Porque una vez que lo veas, no hay vuelta atrás. Y eso, hermano, es lo más brutal de todo.

COMO HACES ALGO ES COMO HACES TODO

La mayoría de las personas pasan por la vida sin un propósito claro y sin dejar huella. Si quieres llegar lejos, debes ser capaz de impactar e influenciar positivamente las vidas de los demás.

Todos compartimos el mismo propósito: crear la persona que admiras y respetas, y ofrecer después esa versión al mundo de manera desinteresada. Así es como alcanzas la paz interior y la abundancia.

Para lograrlo, debes fortalecerte en todos los sentidos, debes dominar y nunca dejar de trabajar en todas las áreas clave de tu vida: cuerpo, mente, relaciones, dinero y espíritu. No puedes permitirte puntos débiles: ¡la vida es una película donde tú eres el protagonista!

Para ser más fuerte, ¡debes necesitar menos y trabajar más! ¡Debes tener cero expectativas y la ética de trabajo más salvaje! ¡Yo me levanto cada día sin esperar que nadie me dé nada y me dejo la piel para dar todo sin pedir NADA a cambio, documentando mi día y compartiendo mi conocimiento!

> **Las personas que reúnan estas cualidades llegarán lejos. Personas que no huyen del esfuerzo, que encuentran placer en no priorizarlo ¿, que no necesitan validación externa y que se ven como eternos alumnos.**

Te doy un ejemplo, máquina. Ayer fui alumno de los mejores tiradores del SWAT de Miami durante tres horas. Soy el mejor alumno que he visto, y créeme, trato a diario con cientos de ellos. Soy todo oídos, escucho y aplico instantáneamente los consejos recibidos, no cuestiono absolutamente nada, no tengo EGO frente a mis maestros.

La manera más rápida de progresar es acercarte al mejor en aquello que quieres aprender.

Quiero aprender a ser el mejor tirador para poder defenderme si fuese necesario, así que contraté a los mejores coaches. Lo que yo absorbí en tres horas aprendiendo de los dos mejores SWAT es insano. Es algo que no hubiese logrado aprender con un instructor normal ni en tres años, pues dudo que ese monitor esté cada día jugándose la vida en el campo de batalla.

Mis primeros coaches de tiro han sido ellos. Me enseñaron desde cero, y gracias a ello evité adquirir malos hábitos. Si empiezas con una mierda de coach, ¡te inculcará malos hábitos que serán muy difíciles de cambiar!

Cuando repites algo una y otra vez, se convierte en un hábito. Si te enseñan mal, cambiarlo es complicado. Es como acudir a un coach con panza que te enseña a vender, ¡pero que no es capaz de cerrar su *fakin* boca! Imagina que buscas un mentor para dominar el arte de cerrar ventas, y descubres que apenas puede conquistar a un 3 de mujer.

Bro, **como haces algo es como haces todo. Graba esta frase a fuego en tu mente, porque cuando la hayas comprendido del todo, te darás cuenta de su inmenso poder.**

Así pues, busca a quien ya está donde quieres llegar y acércate a esa persona. Y no olvides que el dinero no es más que una herramienta para crear la vida con la que siempre has soñado.

TUS PRIORIDADES ESTÁN JODIDAS

¿Sabes por qué estás atrapado en la Matrix, fuera de forma y sin plenitud? Es simple, máquina: tus prioridades están jodidas. No tienes la culpa de que el sistema te haya programado para perseguir el dinero, pero ahora que lo sabes, es tu culpa si no despiertas.

El ser humano solamente puede poner su atención en un par de cosas al día.

Estas son las prioridades de las personas atrapadas en la Matrix (plebeyos, empleados que generan menos de 10k al mes, con panzas):

1. DINERO
2. VICIOS
3. RELACIONES
4. SEXO
5. SALUD

Si te ves reflejado en esa lista, todo okey, yo mismo empecé ahí. Como todos. Lo que no está okey es quedarte ahí...

Ahora, mira las prioridades de Llados:

1. SER AGRADECIDO
2. NO FALLAR
3. SALUD
4. SERVIR
5. RELACIONES

Un mileurista solamente levanta su culo grasiento de la cama si tiene asegurado un salario de mierda. Sin embargo, un ganador se levanta a las 5:00 AM durante años sin recompensa económica inmediata y, por eso, triunfa.

Los empleados y los panzones son unos desagradecidos por abandonar. Quieren el fakin resultado sin pasar por el proceso. ¡Debería darles vergüenza!

Y tú, hermano: debes elegir: ¿sigues en la Matrix o te unes a los ganadores? La decisión es tuya, pero recuerda: tienes lo que mereces.

ATRAES LO QUE ERES

¿Alguna vez te has preguntado por qué, de entre dos personas igualmente calificadas, con la misma formación y que utilizan el mismo método, una alcanza el éxito y la otra no? La respuesta está en quiénes son, no en lo que hacen.

Una de esas dos personas es honesta, amigable, opera desde el amor, se respeta, tiene buena intención, es alegre, segura, nunca falla y le apasiona lo que hace. Pero a la otra, sin embargo, no le gusta lo que hace, miente, no se respeta, se queja, opera desde el miedo, solo quiere su propio beneficio económico, es distante, indiferente y le falla a su gente.

Atraes lo que eres.

¡Es como *faaaak*! Tu esencia es lo que determina tu éxito. Puedes tener todos los métodos del mundo, pero si eres una mierda por dentro, atraerás mierda.

De hecho, hoy en día puedes acceder gratuitamente a todos los métodos posibles en Internet: ¡no pagues por eso! Debes invertir en crear la persona que es capaz de atraer lo que quiere.

La manera más rápida de convertirte en la persona que atrae un Lamborghini Aventador SVJ es acercarte lo máximo a alguien que ya lo tiene.

Así que pregúntate: ¿Eres la persona que opera desde el amor y piensa en ayudar a los demás o la que opera desde el miedo y que solamente piensa en el dinero? ¿La persona que nunca le falla a su gente o la que siempre tiene una excusa?

Recuerda: el universo no se equivoca. Atraes lo que eres, no lo que quieres. Tienes lo que te mereces, no lo que quieres. Puedes experimentar lo que tienes, no lo que no tienes. ¡Es hora de dejar de ser un plebeyo y convertirte en un fakin ganador!

DEL ÉXITO MUNDANO AL CELESTIAL: SOLO EL TRIUNFO ESPIRITUAL IMPORTA

Un error muy común es pensar que puedes ser espiritual sin amarte a ti mismo. El cuerpo es el templo del Espíritu Santo. Si estás destruyendo tu cuerpo con una mala nutrición y sin hacer ejercicio, no eres una persona conectada con tu espíritu. Así de simple.

A mí no me impresiona un hombre con dinero que tiene panza. ¿Por qué? Porque es un hombre que no tiene los valores correctos, un hombre que pone el dinero por encima de su respeto y amor propios. Un hombre que tiene dinero y una panza provoca que el Diablo gane poder en quienes decidan seguir su ejemplo.

> **Al final, el mensaje que lanzas al mundo es el que transmiten tus acciones, no tus palabras.**

Quien me impresiona es alguien que no falla. Si tienes una panza, has fallado a la persona más importante: ¡a ti mismo, cabrón! Yo NUNCA fallo a mi palabra. Y el motivo es muy simple: porque si te fallas a ti mismo, vas a fallar a los demás.

¡Tu panza le dice al mundo quién eres, *mostro*!

Sirvo a mi gente, inspirándoles con mi ejemplo para que sean su mejor versión. Encarno mi enseñanza cada día, compartiendo lo que a mí me ha cambiado la vida. Una panza con dinero solo aspira a perseguir el *fakin* dinero, y eso es lo que ya busca todo el mundo, ¡nadie necesita que le enseñen eso!

De hecho, el problema de gran parte de la población es que la Matrix les ha programado para perseguir el dinero y esa búsqueda vacía les condena a vivir en la oscuridad.

Los verdaderos guerreros de Dios tienen como misión principal salvar almas. No hablamos de buscar la felicidad a través de lo externo, sino de buscar la paz a través de la autorrealización interna.

La acumulación de dinero sin haber logrado antes la paz interna y un propósito definido es el camino más rápido hacia la autodestrucción.

Si tu felicidad depende de lo material, de cosas o personas externas a ti y a tu espíritu, nunca querrás renunciar a nada material, pues lo habrás vinculado a tu identidad, a tu ser. En ese caso te habrás convertido en prisionero de lo material. Habrás pasado de poseer a ser poseído.

La única manera de sentirte completo es no necesitar nada.

Ojo, no es lo mismo "no necesitar" que "no querer." El dinero no tiene nada de malo, pero el amor por el dinero sí lo es. Mientras veas tu infelicidad ligada a la falta de cosas materiales, permanecerás atrapado en un ciclo sin fin. Siempre querrás lo que no tienes y, por mucho que tengas, nunca será suficiente.

Te voy a contar un secreto. No logré la paz espiritual hasta que Dios me lo quitó todo. Cuando abandoné España para comenzar una nueva vida en Australia, me quedé sin nada: sin salud por el uso de anabolizantes; sin dinero, pues solamente tenía 50 $ en el banco; sin salud mental, sin nada material, sin relaciones de ningún tipo, completamente solo. ¿Qué me quedó? Lo único que importa: mi espíritu. Solamente así pude ver quién era en realidad, solamente así pude recuperar ese niño que camina con Dios.

Hasta que no te quedes sin nada externo, no descubrirás quién eres de verdad.

Mi cuenta bancaria en 2015, cuando solo tenía 33 centavos. Años después, mi Bugatti lleva el número 33 y publico este libro con 33 años, la edad de Jesús al ser crucificado. Las casualidades no existen: son solo señales.

No existen problemas, solo oportunidades. Cada persona debe encontrar su paz interior y, cuando tú encuentres la tuya, te darás cuenta de que puedes vivir sin lo que creías necesitar.

El pasado y el futuro son pensamientos, ilusiones. Lo único que existe de verdad es el presente.

"No necesitar" te libera del miedo. Del miedo a que haya ahí fuera algo que no tienes, el miedo a perder algo que ya tienes, el miedo a no ser feliz sin cierto objeto o experiencia. Asimismo, "No necesitar" te libera de la ira. La ira es el miedo anunciado. Cuando no tienes nada que temer, no tienes motivo para enfadarte.

Cuando no necesitas nada, no te enoja que alguien no sea amable contigo… porque ya no necesitas que lo sea. Del mismo modo, cuando no necesitas que nadie te ame, porque tú ya te amas a ti mismo, no sufres si no eres correspondido. El amor es dar sin expectativas. Cuando no necesitas nada, no te enfadas cuando alguien te intenta dañar o te tira *hate*, porque tienes muy claro que nadie puede dañarte. Cuando no tienes miedo, te lo pueden quitar todo… y no sentirás enfado.

> **Cuando encuentres la paz interior, usarás todo lo externo para poder experimentar con tu ser: todo es positivo, todo es perfecto.**

Habrás entrado en el mundo espiritual y habrás comprendido que todo pasa por algo y que todo lo que vives, sea positivo o negativo, son situaciones enviadas por Dios para que experimentes quién eres. Cuando encuentras la paz interior, ni la presencia ni la ausencia de cualquier persona puede alterar tu estado de ánimo: siempre estás en paz y no rompes tu carácter.

Ahora bien, disfrutar de la paz interior no significa rechazar lo material. De hecho, lo disfrutas infinitamente más porque ya no te dejas poseer por las cosas y porque comprendes que tú mismo no eres dueño de nada. Esa es la verdadera libertad, una libertad que alcanzan muy pocos seres humanos. Habrás llegado al punto en el que te relaciones de forma voluntaria con las cosas materiales, no desde la necesidad. Experimentarás los placeres materiales porque así lo eliges, no porque sean necesarios para hacerte sentir feliz o pleno.

**Recuerda: no necesites nada, desea todo.
Elige lo que surge.**

La persona que se valida con el proceso, no con el resultado, es imparable. Si dejas de trabajar, te aburres; si te aburres, deseas; los deseos traen vicios; los vicios destruyen hábitos; sin hábitos no hay vida.

Deja de perseguir lo material, encuentra tu verdadero yo y empieza a atraer todo lo que Dios quiere que experimentes. No se trata de tener más, sino de necesitar menos. ¡Despierta, *faaak*!

CUERPO

EL PRIMER PASO PARA CAMBIAR TU VIDA ES EL GYM

Escucha bien, máquina: el gym es el primer paso para cambiar tu vida porque es la mejor herramienta para aumentar tu confianza. Ahora bien, no confundas confianza con arrogancia.

La confianza es una creencia basada tanto en posesiones acumuladas como en logros y victorias pasadas. Es la forma en que tu mente reconoce tu valía en un campo o habilidad específicos. La arrogancia, por otro lado, es un rasgo altamente tóxico y manipulador que padece la persona que se cree superior a otras pese a no contar con ningún mérito real o logro que justifique esa actitud.

> **Los únicos que confunden confianza y arrogancia son los que carecen de confianza real.**

Son los que critican a la gente que cuenta con confianza y autoestima, señalándolos como "arrogantes", "flipados" o "chulos." Te suena, ¿verdad?

Mira, la confianza real es imprescindible para iniciar el trabajo duro que se necesita para hacer que una visión se convierta en realidad. Es la que permite que, con el tiempo, tu propósito acabe manifestándose por sí solo. Sin confianza, estás jodido.

La visión suele venir antes que el propósito. Yo tenía la visión de vivir del fitness, pero sin confianza nunca habría metido todas las horas de duro trabajo que hacían falta para hacerla realidad.

> **Necesitas confianza para ser capaz de trabajar sin garantías. Por eso la mayoría se mantiene como empleado toda su vida, trabajando para otros: porque tiene garantizado su sueldo mileurista a fin de mes.**

Todos los emprendedores, al iniciar sus proyectos, sacaron esa confianza de algún lado y, así, pusieron el trabajo para crear su visión cuando nadie les garantizaba nada. Es más, en casos como el mío, todo el mundo les decía que su visión era imposible, que estaba condenada al fracaso. Y te digo algo: la mejor manera de lograr esa confianza y seguir construyéndola día a día es… ¡el gym!

> **Cambiar tu físico, ver en el espejo cómo vas mejorando semana a semana, y crear ese hábito de no fallar ni un día al gym ni con tus comidas… Eso, hermano, te dará una confianza y un mindset inquebrantable que te permitirá comerte el mundo.**

Una vez que entres en esta dinámica, tu vida cambiará para siempre. El gym no solo transforma tu cuerpo: transforma tu mente, tu confianza y, al final, toda tu vida.

Así que ya sabes. La próxima vez que pienses en saltarte un entrenamiento, piensa que no estás construyendo músculos, sino poniendo el trabajo para fortalecer tu confianza y cumplir con tu visión. Y recuerda: ¡el que no va al gym es un *fakin* blando!

EL *PUMP* PUEDE SER TU CURA O TU RUINA

El mindset con el que afrontas algo lo es todo. No vamos al gym para ser Arnold Schwarzenegger, para ser los más fuertes o tener los mejores abdominales. Vamos al gym para ser nuestra mejor versión. Del mismo modo, no luchamos para ser el hombre o la mujer más ricos del mundo: el único objetivo es progresar.

> **Cada día tenemos una misión: ¡progresar!**

Si no progresas, no vas a sentir orgullo, y si tú no te sientes orgulloso de ti mismo, ¡nadie lo estará!

¡Sin progreso, hay retroceso!

Si no trabajas y no progresas, tendrás una imagen negativa de ti mismo, ¡y sentirse orgulloso de uno mismo es lo único que importa en esta vida!

La realidad es que lo que otros piensen de ti es irrelevante. ¡Lo único que importa es lo que tú piensas de ti mismo!

> **El mindset con el que afrontas la vida te hará más fuerte o te destruirá.**

Cuando empecé en el gym, mi mindset era mejorar cada día. El gym me salvó la vida, alejándome de mi entorno de amigos, de la fiesta, del alcohol y de las drogas. Creó un nuevo entorno de desarrollo personal, aunque fuera solo centrado en la salud y el físico. Ese desarrollo físico, a su vez, fortalecía mi mente.

Pero, como ocurre siempre, llegó un momento en el que me junté con la persona equivocada y esto me llevó a tomar decisiones equivocadas. Empecé a usar anabolizantes y me obsesioné con competir en *Men's Physique*. En otras palabras, empecé a compararme con los demás.

Eso me llevó al punto más bajo de mi vida. Toqué fondo. La obsesión con mi cuerpo y el hecho de compararme continuamente con otros me llevó a joder mi salud y mi economía. Desarrollé un trastorno mental llamado vigorexia y acabé en la puta calle. Esto pasó en 2015, y fue entonces cuando me quedé con solo 50 dólares en la cuenta.

Aquí tienes la prueba de que el entorno y el mindset lo son todo. El gym que me salvó inicialmente… casi me mata después. Literal, un médico me dijo en un chequeo que moriría pronto si seguía así.

> **Es una locura cómo puedes autodestruirte sin darte cuenta por culpa de tu entorno. Si todos los que te rodean creen que algo está bien, tú también lo creerás.**

Ahora, con el paso de los años, estoy agradecido por haber tocado fondo entonces. Aquello me hizo cambiar y crear el hombre que soy hoy, el hombre que admiro y respeto.

En definitiva, el *pump*, el entrenamiento, puede salvarte o destruirte. Todo depende de tu enfoque. No se trata de ser el más grande, sino tu mejor versión. Y recuerda, si yo salí de ese agujero, tú también puedes salir del tuyo.

EL PROPÓSITO DEBE SER EL AUTODOMINIO

El fitness me enseñó que mi propósito es ser mi mejor versión.

> **La búsqueda de mi mejor forma física desencadenó, en paralelo, el desarrollo de una mente inquebrantable.**

Una persona sin propósito es una persona peligrosa. Mi propósito se convirtió en ser siempre mi mejor versión, y esto lo empecé a lograr a través del entrenamiento y la nutrición. Este proceso me enseñó a encontrar placer en resistir los placeres inmediatos en la comida. No supe entonces que había empezado a construir mi activo más valioso: la fortaleza mental, ¡un mindset inquebrantable!

Para estar presente no puedes tener puntos débiles ni tener un mindset de víctima. Cuando sientas pensamientos negativos, es una señal de que debes volver al estado de flow, debes volver a la acción y limpiar tu entorno.

> **Debes enfocarte siempre en tus puntos débiles, me la sudan tus puntos fuertes. Casi todo el mundo vive apoyándose en sus fortalezas y olvidan sus debilidades.**

Si tienes dinero, pero no tienes salud ni relaciones reales, ¿por qué no empiezas a trabajar en eso? Debes aprender a focalizar tu energía en tu punto más débil: esta es la manera más rápida de crecer en la vida. Pulveriza tus puntos débiles y observa cómo se aclaran tu conciencia y tu camino.

> **Ya no se trata solo de ti mismo, sino de no pasar ese dolor a los demás. Tu punto débil será el punto débil de tus hijos y gente cercana. Debes ser el ejemplo, siempre hay alguien que te tiene como referencia.**

Recuerda, máquina: el autodominio es la clave. No se trata solo de levantar pesas, se trata de forjar un mindset de ganador. Cada vez que resistes una tentación, cada vez que te enfrentas a tus debilidades, te haces más fuerte. Y esa fuerza, ese autodominio, es lo que te llevará a ser tu mejor versión en todos los aspectos de tu vida.

LOS PP: PASTA y PANZA

Bro, a nadie le importa tu Lamborghini si tienes panza. A estas personas las denomino los PP: pasta y panza. ¡Los puedes ver venir a kilómetros de distancia!

"Eh, mira mi Lambo, fíjate en el AP que llevo en la muñeca." Ya, bro... ¿y qué me dices de esa panza, *mostro*?

Este tipo de personas son un gran problema en nuestra sociedad porque, aunque todos perseguimos el dinero al principio, el mensaje que ellos transmiten es que está "okay" perseguir solamente el dinero.

> **Recuerda: en la vida todos debemos cuidar estos cinco pilares, y en este orden: CUERPO, MENTE, RELACIONES, DINERO Y ESPÍRITU. ¡El orden de los factores sí es crucial aquí!**

Si te centras en el dinero primero, dejarás la salud en segundo plano y acabarás gordo, acortando tu vida. Además, si lo persigues el dinero, crearás relaciones basadas en el puro interés, ¡y acabarás vacío por dentro!

Invierte primero en tu salud y en crear relaciones reales. El dinero vendrá solo. Yo no cierro ventas, ¡creo relaciones! Por eso vivo una vida tan plena y siento que toda mi gente es mi familia. Los demás querrán de ti lo mismo con lo que tú te validas en tu corazón.

> **Si basas tu vida en la búsqueda de lo material y no en construir tu carácter, no te sorprendas cuando tu entorno sea una mierda que solo quiere tu dinero.**

Trabajamos para convertirnos, no para adquirir. Adquirimos como consecuencia de quienes somos.

No me malinterpretes: ¡me encanta el dinero y todos lo queremos! Pero no puedes poner el dinero nunca por delante de tu carácter, de tu salud o de tus relaciones. Esto define qué tipo de persona eres.

Te voy a contar un ejemplo real, un caso que viví en primera persona. En aquella época yo era un chaval con poco desarrollo personal y me impresionaba algo tan simple como un Ferrari. Por aquel entonces yo tenía un amigo. El típico PP, el típico Pasta con Panza. De él, yo solamente veía su Ferrari. Fue la primera vez que tenía un "amigo" con un supercoche, mucho antes de que yo consiguiera tener uno.

En cuanto pude conocerlo con más profundidad, resultó que mi "amigo PP" estaba vacío por dentro. A mi mujer nunca le gustó, y razón no le faltaba. Su relación con su mujer se basaba básicamente en que esta le ayudara con su negocio, y él se veía constantemente con otras mujeres a sus espaldas.

Cada vez que íbamos a un restaurante, lo primero que él hacía era preguntarle a la camarera si prefería Ferrari o Lamborghini. Después, sacaba la llave de su Ferrari para mostrarle que él era dueño de uno.

Poco a poco me di cuenta de que aquello no era una amistad real. A él le interesaba mi "amistad" porque quería fama. A todos nos gusta la atención, y él podía tenerla más estando a mi lado.

Hubo muchas *red flags*, pero yo no quería ver lo evidente. El momento en que abrí los ojos tuvo lugar cuando compré mi primer supercoche, el Lamborghini Huracán. Cuando se lo enseñé, su cara lo dijo todo: no se sentía feliz por mí. Corté esa relación de golpe y nunca más le he dejado acercarse a mí. Dos años después intentó saludarme y literalmente le di la espalda. No puedes permitir gente así en tu círculo.

> **Recuerda: el dinero está de puta madre, pero sin salud y relaciones reales, no vale nada. Construye primero tu carácter, tu salud y tus relaciones. El resto vendrá solo.**

HUIR DEL DOLOR ES DE COBARDES

Escucha bien, máquina: cuando te drogas, no estás presente para el dolor. ¿Cómo puedes entender de qué escapas si te drogas?

Cuando veo a alguien que se emborracha, que sale de fiesta, que se droga, pienso: ¡vaya blando! ¿De qué estará escapando? Veo una persona sin confianza que elige el camino fácil. Este es el mayor problema: ver la fiesta y las drogas como "divertirse", como "celebrar." La realidad es que esas personas ni siquiera están disfrutando su vida.

> **Una persona alineada no necesita intoxicarse y alterar su realidad para divertirse. Los que más se divierten y ganan en la vida no están de fiesta ni drogándose.**

Míralo así, bro: si tu vida fuera la película que siempre has soñado vivir, no querrías escapar de ella con drogas. Si tuvieras la confianza necesaria para hablar con una mujer sin estar borracho, lo harías y ya está, sin necesidad de tomar nada para reunir el coraje suficiente. A mí antes me daba hasta vergüenza tener sexo con mujeres sin estar borracho o drogado. Al final, sufría una falta de confianza en mí mismo que trataba de esconder con el uso de drogas.

¿Y sabes qué? Tengo una buena noticia para ti: lo que obtienes de esa sustancia externa que distorsiona tu percepción de la realidad, creando o eliminando ciertos pensamientos… lo puedes hacer sin tomar nada. Primero, creyendo que puedes hacerlo. Segundo, con la creación de hábitos diarios no negociables que conviertan tus debilidades en fortalezas.

¡Tienes que ganártelo, máquina! No esperes resultados en un año o dos. Quizá necesitas cinco o diez. ¿Qué más da? No pienses a corto plazo. Todos abandonan su visión muy pronto, por eso escapan de su vida. A mí me costó seis putos años de sacrificio total, de aislamiento, escapar del sistema con mi visión: el fitness.

La realidad es que me la sudaba el tiempo necesario para conseguirlo. Fuera el que fuese, sabía que yo nunca abandonaría, y ese es el mindset necesario. No entiendo qué prisa tiene la gente, especialmente cuando la mayoría va sin un objetivo claro y su vida sigue siendo la misma mierda un día tras otro. Una vez te sumerges en el proceso de desarrollo personal, ya no dejas de avanzar.

Sin FE en el proceso, puedes estar seguro de que abandonarás.

Yo siempre tuve una FE ciega porque sabía que nunca abandonaría. La forma más fácil de ganar FE es que alguien que tiene la vida que tú quieres te guíe. Porque si una persona que ya tiene esa vida ha logrado que miles de personas la tengan también siguiendo su mismo proceso, entonces ya sabes que solo te toca a ti poner el trabajo. Los resultados llegarán antes o después, pero llegarán.

El estado óptimo para que un ser humano se convierta en su mejor versión es aislado, sin vicios, pasando hambre (literal, debes hacer un déficit calórico y experimentar hambre) y haciendo ejercicio dos veces al día hasta llegar al fallo físico. De esta manera es como vas a conectar con tu espíritu y poder entender quién eres y qué quieres en la vida.

Dejar de ser un cobarde y enfréntate al dolor. Porque máquina, te lo digo ya: va a ser una puta locura, pero vale la pena.

PROPÓSITO SOBRE PLACER

A través del ayuno y del déficit calórico entendemos el valor de la nutrición. La enfermedad nos enseña a apreciar la salud. La pobreza nos muestra el valor del dinero. El cansancio nos hace valorar el descanso. Perder nos enseña el valor de ganar. Y la soledad... la soledad nos hace entender lo que vale una buena pareja.

> **Después de experimentar la vida, viajar por el mundo y sufrir mucho, aprendí que realmente no necesitamos mucho. Comer en exceso te hace desagradecido con la comida. Acumular demasiado dinero en la cuenta bancaria, lo mismo.**

Yo he perdido el norte en todas las áreas de mi vida. Sé de lo que hablo.

He comido sin control y sin valorar la comida, la avaricia con el dinero me ha consumido y he dejado de valorarlo, ¡he dado por sentada mi salud y no valoraba mi vida hasta el punto de que casi la pierdo dos veces! Incluso he descuidado mi matrimonio, no dándole el valor que merece.

Después de cometer muchos errores en mi vida y de lograr casi todos mis deseos materiales (mansiones, supercoches, jets, viajes, relojes, yates), llegué a una conclusión completamente reveladora:

> **El mayor placer no está en darse gusto a uno mismo, ¡sino en dárselo a los demás!**

El verdadero placer está en resistir el placer inmediato, en hacerse fuerte evitando esos placeres y vicios a los que todos acuden como mileuristas en busca de dinero.

Los humanos somos los únicos animales cuyos deseos crecen conforme los alimentamos. Si quieres cambiar, tienes que aprender a evitar los placeres inmediatos. Así es como aumentarás tu disciplina.

> **Hace años, creía que el poder se basaba en acumular dinero y posesiones materiales. Sin embargo, la verdad es que el auténtico poder reside en controlar tus deseos. No eres más rico cuanto más tienes, sino cuanto menos necesitas.**

Esto es lo que mucha gente no entiende. Me dicen: "Pero Llados, tienes tres Lamborghinis, dos Ferraris, un Mclaren, dos Rolls Royce, una mansión...." Claro que los tengo, pero los he logrado gracias a poner el propósito por encima del placer. Así pues, disfruto de los placeres de la vida, pero nunca los pongo por encima de mi propósito.

Cuando tengo un propósito, nada se interpone en mi camino. Sí, tengo una mansión, pero me levanto a las 4:30 AM. Sí, tengo muchos supercoches, pero sigo entrenando dos veces al día. Sí, podría comer tres veces al día fuera de casa, en los mejores restaurantes, pero sigo mis macros y continúo comiendo mis *meal preps* la mayor parte del tiempo. Podría viajar a las Maldivas y quedarme tumbado en la playa todo el día, pero, en lugar de eso, elijo trabajar todo el día.

Entrenando con mi mujer. El fitness es prioridad. Si tienes panza,
no te amas ni te respetas, cabrón.

> **Lo difícil es decir NO a algo que realmente puedes hacer. Y la pregunta que debes de hacerte es: ¿vivirías tú así teniendo todo lo que yo tengo?**

Exacto. Lo has entendido, ¿verdad? Eso es lo que significa "propósito sobre placer." Una clave del éxito es hacerse las cosas difíciles, ponerse pruebas constantemente, aunque no sea necesario.

> **La adversidad y la incomodidad son esenciales. La búsqueda del confort es lo que está matando tus sueños.**

Cuando eres tan duro contigo mismo, cuando te impones tanto dolor y disciplina a diario sin ninguna necesidad, cuando te haces la vida más difícil, cuando controlas siempre lo que comes, es cuando realmente aprecias esos pequeños placeres. Un postre, quince minutos en el sofá con tu mujer, ese pequeño placer extra que sueles evitar... esos momentos se vuelven oro puro.

En pocas palabras: el placer está bien, pero nunca debe estar por encima de tu propósito. Esa es la clave para una vida plena y exitosa.

TUS PENSAMIENTOS CREAN TU REALIDAD

Todo problema es autocreado, toda enfermedad es auto creada, toda limitación es auto creada. La mayoría de las personas se autodestruyen de manera inconsciente. ¿Quién se dañaría a sí mismo de manera consciente?

- La gente come mal y se pregunta por qué tiene panza.
- La gente fuma y se pregunta por qué sufre un cáncer.
- La gente pasa su vida entera enojada y se pregunta por qué le dio un ataque cardíaco.
- La gente tiene un estrés insano y se pregunta por qué les da un derrame cerebral.
- La gente no cuida su nutrición y se pregunta por qué muere joven.

**La realidad es que las personas se preocupan
hasta matarse. La preocupación, junto con el odio,
es la peor forma de autodestrucción mental.**

Estas dos emociones son extremadamente dañinas.

Preocuparse no tiene ningún sentido, no sacas nada de ello. ¿Quién ha ganado una hora de vida por preocuparse? Es un desperdicio total de energía mental. Preocuparse es una actividad que tiene lugar en la mente y algo que Dios no comprende ni conoce. El odio es el estado mental más dañino de todos: envenena el cuerpo y sus efectos suelen ser irreversibles.

Cuando logres acabar con la preocupación, tu salud y tu vida empezarán a mejorar día tras día. ¡Siempre ganarás y siempre subirás de nivel! Cada vez tendrás más conciencia sobre cómo funciona el mundo, verás todo cada vez con una mayor claridad. Poco después, habrás escapado del sistema.

Otra cosa, máquina: el miedo es la preocupación magnificada. Es todo lo opuesto a lo que realmente eres: amor. La preocupación, el odio, el miedo, la ansiedad, la mentira, la impaciencia, la avaricia, la crueldad y la crítica atacan el cuerpo a nivel celular, muchas veces dejando daños irreversibles.

**Es literalmente imposible tener un cuerpo sano
y vivir una gran vida cuando esas emociones
dominan tu vida.**

El primer paso que debes dar es responsabilizarte. Todos sabemos cuándo estamos sintiendo algunas de las emociones que acabo de mencionar. El primer paso es tomar conciencia y entender qué te está destruyendo.

Recuerda, todos los problemas y todas las enfermedades se crean primero en la mente, con un pensamiento. Todo en este planeta mundano se crea a partir de un pensamiento. Así es como se creó este mundo.

> **Si piensas que te van a robar, te robarán. Si piensas que vas a enfermar, enfermarás. Si piensas que vas a perder, perderás.**
> **Los pensamientos son como imanes, lo atraen todo hacia ti.**

El pensamiento no siempre es evidente, puede que sea inconsciente, pero aun así sus efectos son los mismos. Si piensas que no mereces vivir, que estás cansado de vivir, que te sientes agotado, que necesitas dormir 8 horas para tener energía, que eres un perdedor, que nunca te comprarás un Lambo... ¡Estás creando esa realidad!

Los pensamientos son muy sutiles, pero son la fuerza más poderosa. Recuerda, ¡todo empezó como un pensamiento!

> **Yo antes pensaba que necesitaba 8 horas para dormir y aun así estaba cansado. Ayer dormí 5 horas y tengo energía masiva durante todo el día. ¿Por qué? Por mis pensamientos, mis hábitos y mi proceso diario.**

Es muy difícil revertir los efectos creados por los pensamientos negativos una vez que forman parte de tu realidad física. Una vez que vives en una mierda de casa, tienes panza, estás hundido por los vicios, todos tus amigos son perdedores, nunca has conquistado a una gran mujer... no es imposible salir de ahí, pero sí muy difícil.

¿Te preguntas cómo revertir eso si estás en esa situación? Simple: ¡Toma un acto de FE masiva! Requiere una creencia extraordinaria en la fuerza positiva del universo, Dios, o como quieras llamarlo.

Debes acercarte a un mensajero elegido. Es fácil identificarlos: son personas que dan una FE masiva, que nunca fallan, que solo sirven. Estas personas saben que debes prepararte para ese proceso de ganar FE, física, mental y espiritualmente. Ves que no menciono el dinero, ¿verdad? Eso solo frena este proceso.

Piensa en cómo tratas a tu cuerpo, que es el templo del alma:

- Solo le prestas atención cuando algo te duele. No lo mantienes, no previenes dolores.
- No haces ejercicio, por lo que cada día tu cuerpo es más frágil.
- No lo nutres correctamente, ¡ni siquiera sabes qué son tus macros!
- Además, lo llenas de toxinas y veneno con comida basura y vicios.

Aun así, nuestro mayor activo, que es nuestro cuerpo, funciona para nosotros. ¿No te parecería mágico que un coche funcionase sin gasolina? Es increíble lo que le pides a tu cuerpo mientras lo castigas. Y pese a ello, quizá leas estas frases, asientas con la cabeza… y continúes maltratándolo.

¡La verdad tiene la gran cualidad de despertar a muchos y de ofender a todavía más gente! A muchas personas no les gusta despertar, porque eso significa sentirse mal con quienes son. La mayoría prefiere seguir dormida, al igual que no se levantan de la cama, pues para ellos es un gran esfuerzo levantarse a las 5:00 AM todos los días: ¡algo tan simple!

> **Si hasta hoy no tenías ganas de vivir, eso cambia AHORA. Pero, aunque tus palabras se correspondan con quien quieres ser, ¡son tus acciones las que muestran quién eres! Eres tú quien ha de demostrarse a sí mismo que tiene ganas de vivir.**

Reflexiona sobre esto:

- Si bebes alcohol, tienes muy pocas ganas de vivir.
- Si fumas tabaco o porros, tienes muy pocas ganas de vivir.
- Si te mientes a ti mismo, tienes muy pocas ganas de vivir.
- Si sales de fiesta, tienes muy pocas ganas de vivir.
- Si no te alimentas adecuadamente, tienes muy pocas ganas de vivir.

Hermano, es hora de despertar. Es hora de responsabilizarte de tu vida y tus pensamientos. Es hora de dejar de ser una víctima y convertirte en el creador de tu propia realidad. Cada puto segundo de esa lucha vale por mil vidas.

DE LAS GARRAS DEL DIABLO A SERVIR A DIOS

No te voy a mentir: odiaba mi vida. Cuando alguien se autodestruye con drogas, es porque quiere escapar de su realidad. Yo dudaba constantemente de mi matrimonio, no era feliz y perseguía el dinero creyendo que eso me daría la felicidad que buscaba.

Lo más duro e injusto era dudar de mi esposa, cuestionar si era la adecuada cuando ella es en realidad un ángel enviado por Dios, una verdadera bendición. ¡Es como *faaak*! Las drogas nublaban tanto mi juicio que me hacían desconfiar de la persona que más me apoyaba. Mi mente, alterada por las sustancias, creaba situaciones irreales, auténticas películas, que al día siguiente recordaba como si hubieran ocurrido de verdad...

Me hundía cada vez más en el agujero que yo mismo había cavado. Mi mujer nunca hizo nada malo. Es más, la eché de casa dos veces y ella, tragándose su orgullo, se quedó. Fue ella la que salvó nuestro matrimonio. De corazón te digo que yo nunca habría hecho lo que ella hizo por nuestra relación y por mí. Sé que ella era consciente de que eran las drogas las que me hacían actuar así, y aguantó.

En mi mente contaminada por las drogas, yo creía tener la razón... cuando en realidad yo era el problema de todo lo que pasaba. Toda mi vida se vio afectada: dejaba tirados a mis alumnos, mi negocio se estancó y, de haber seguido así, habría colapsado sin ninguna duda.

> **Nunca queremos admitir que somos los culpables de todo lo que nos pasa en esta vida, pero esa es la realidad. ¡Debemos asumir el 100% de la responsabilidad de todo lo que nos pasa!**

Empecé a consumir cocaína como algo ocasional, en eventos especiales, una vez al año. Luego pasó a ser una vez al mes, después una vez a la semana, dos veces a la semana... y así hasta llegar a 4-5 veces por semana. Finalmente, acabé tomando hasta cuando estaba solo. Esta espiral me llevó al borde de una sobredosis una noche en la que mi mujer estaba con su familia.

Empecé haciéndome la primera raya a las 7:00 PM. Cada veinte minutos me hacía otra, y el tiempo entre una y otra se fue acortando. Me fui a cenar solo, aunque la verdad es que uno come poco cuando se ha metido coca. Luego fui a un stripclub y, como suele pasar cuando uno va drogado, tomé malas decisiones, llevándome chicas a hoteles, solo para sentir después un arrepentimiento masivo.

A las 9:00 AM seguía haciendo rayas mientras conducía. De repente, sentí que me iba a desmayar. Me invadió un pánico terrible y aparqué en la primera gasolinera que vi. Sentía que en cualquier momento me caería al suelo. Entré como un loco, arrasando con todo hasta que logré encontrar y comerme una bolsa entera de gominolas. Aun así, seguía sintiéndome fatal...

Justo al lado había un local que servía desayunos. Me senté, incapaz de comer nada. Pedí varios zumos de naranja, esperando que el azúcar me reanimase. Llamé a unos amigos porque no quería preocupar a mi mujer. Ellos intentaron calmarme mientras yo me repetía a mí mismo una y otra vez que todo era mental. Pero seguía sintiendo que en cualquier momento me moría...

Recuerdo que llamé a mi mujer, pensando que aquella podía ser la última vez que escuchase su voz. No quería alarmarla, así que le dije que estaba en casa, que la quería mucho y que me iba a dormir. Al colgar, se me caían las lágrimas...

Poco después, conseguí recuperarme y esa fue la última vez que abusé de la cocaína. Me prometí dejarla y lo logré durante unos meses. Sin embargo, una noche pensé que no pasaría nada. Me hice un par de rayas y sentí tal arrepentimiento que desde ese momento nunca más volví a tocarla. Y te lo juro: ¡nunca más volveré a probar ninguna droga! ¡Ni una gota de alcohol! ¡Nada!

> **Tu ruina comienza con tu primera raya, con tu primera copa, con tu primer paso en el stripclub. En tus momentos bajos te refugiarás en las drogas para escapar de tu realidad. Pero a partir de ahora, cuando quieras escapar, ¡ve al gimnasio! ¡Reviéntate haciendo burpees!**

Hace unos años, yo vivía para ir a festivales y drogarme. Pensaba que eso era diversión, que estaba disfrutando de mi vida, y lo mostraba al mundo con orgullo. De hecho, puedes ver los vídeos que subí a mi canal de YouTube entre los años 2017 y 2021. Nunca los borraré para que el mundo pueda ser testigo de esa etapa de mi vida.

¿Por qué pensaba que eso era diversión? ¿Por qué pensaba que destruirme era disfrutar? Simple: el sistema nos ha educado para pensar que celebrar es igual a fiesta y drogas.

> **El alcohol ni siquiera se considera como algo malo porque es una droga generalizada, al igual que el tabaco. Son legales, pero eso no significa que no sean drogas. Al sistema le interesa que la población abuse de ellas para mantenerla controlada.**

Nadie que ha invertido suficiente trabajo en sí mismo quiere drogarse o salir de fiesta. Se valora lo suficiente como para no destruirse y tirar todo el trabajo por la borda. Todo ser humano que se va de fiesta o se droga está perdido, no sabe lo que quiere en la vida. Lo más probable es que solo sepa que quiere dinero.

¿Cómo lo sé? Porque yo he estado ahí y no estaba conectado con mi alma, que es mi yo verdadero. Sin esa conexión, no puedes estar conectado con Dios, y sin Dios no puedes estar en paz contigo mismo y con el mundo. Yo he aprendido a vivir de verdad desde el momento en que he alineado mi voluntad con la de Dios.

Ahora nunca me drogo. Me muero de ganas de vivir cada día. Me muero de ganas de levantarme cada mañana a las 4:30 AM. Estoy conectado con mi alma y con Dios. Me siento mejor que nunca, y no es por el dinero, sino por la paz interior que tengo.

> **Las drogas son una puta mentira, hermano. Te prometen el cielo y te dan el infierno. Yo lo viví, lo superé, y ahora estoy aquí para decirte: tu vida vale más que toda esa mierda.**

¿Quieres ser un zombi o un puto guerrero? ¡Eliges tú, cabrón! Cada día sin drogas es una batalla ganada. Cada "no" es un paso hacia la libertad. No será fácil, pero ¿qué coño en la vida que valga la pena lo es? Levántate. Lucha. Vive. El mundo necesita tu mejor versión, no a otro plebeyo más.

LAS DOS FASES DE LA VIDA

La vida se divide en dos fases. La mayoría se queda atrapada en la primera y ni siquiera llega a rozar su verdadero potencial. Estas dos fases son las siguientes:

1. **Autorrealización:** Es reconocer tu potencial. No hablo de esa mierda externa de dinero, estatus o poder. Hablo de tu potencial interno: intelectual, social y creativo. Aquí es donde te conviertes en la persona que admiras y respetas, alguien que los demás aspiran a ser.

   Cuanto más trabajes en ti mismo, más valor tendrás y más problemas podrás resolver para los demás. Llegas a lo más alto de esta fase cuando te miras al espejo y estás orgulloso de la persona que eres. Pero ten en cuenta que esta fase es eterna, pues nunca debes dejar de trabajar en ti mismo y mejorar.

2. **Autotrascendencia:** Es la capacidad del ser humano para ir más allá del propio yo y, como consecuencia, ampliar los límites personales mediante un camino espiritual. Se trata de dar sentido a la vida y conectar con Dios.

   Es darte cuenta de que el mundo no gira en torno a ti, sino a un fin mucho más elevado. Darte cuenta de que solo somos servidores y que ni siquiera tratamos de cumplir nuestra voluntad, sino la de Dios. Esta fase la alcanzan y dominan muy pocos, y es en ella donde de verdad alcanzas la libertad, que es espiritual y no financiera.

La primera fase siempre está enfocada en el dinero y en uno mismo. Es parte de la naturaleza humana cumplir en primer lugar los propios deseos. Sin embargo, los que logran esto llegan a un punto en que se sienten vacíos. ¿Por qué? Porque llega un momento en la vida en que has logrado tanto que sientes la necesidad de compartir tu sabiduría con los demás. Esto es lo que te dice tu conciencia, que es la auténtica voz de Dios.

Yo solo quiero que mis alumnos progresen y por eso siempre pondré su beneficio antes que el mío. Pero no olvides que, hasta que no te hayas ayudado a ti mismo, no podrás ayudar a otras personas.

ALCOHOL Y DROGAS: CÓMO TE DESTRUYEN A TI Y A TU FAMILIA

La realidad es que cuando yo me drogaba creía que tenía la mejor vida. Si supiéramos el daño que nos hacemos y además causamos a nuestra familia y gente cercana que no tiene vicios... no nos drogaríamos.

> **Tienes que valorarte, tienes que amarte. Si tú no te amas, nadie te puede amar.**

Deja las drogas, haz ejercicio a diario y crea esa claridad mental que te mostrará tu camino, tu propósito, y te conectará con la inteligencia infinita que te ayudará a construir la vida de tus sueños.

Te prometo que, si no tocas las drogas durante unos meses, llegará un día que dirás: "*¡Faaak*, cómo puede ser que me hiciera esto!"

> **Si te drogas o bebes alcohol, has de saber que eres un egoísta. Le estás quitando la paz mental a tu familia, que te quiere y no se intoxica como tú. ¡No tienes mi respeto ni el de nadie que se respeta! ¡Te estás destruyendo! ¡Estás ralentizando masivamente tu progreso!**

Lo peor de todo es que te crees que estás ganando en la vida porque cuando sales de fiesta reservas un VIP, rodeado de gente falsa y gastando dinero en mierdas que no necesitas. Si sales de fiesta, te drogas, bebes alcohol... ¿De qué escapas? ¿Tan mala es tu vida? Bro... ojalá hubiera tenido mi YO actual hace años para salvarme de esa vida...

Mi propósito ahora es despertar al mundo y hacerles ver que consumir toda esa mierda es un intento cobarde de escapar de la realidad.

¡Deja de ser un egoísta! ¡Deja de destrozarte la vida! ¡Empieza a respetarte, cabrón! ¡Empieza a amarte! ¡*Faaak*, tío, la vida es increíble! ¡No entiendes el futuro que puedes tener! ¡Mírame a mí! ¡Mira a mis alumnos! ¿Qué más pruebas del universo necesitas?

Piensa en esto: ¿Por qué no les cuentas a tus padres que bebes o te drogas? ¿Por qué sientes arrepentimiento después de hacer cualquiera de esas dos cosas? Simple: porque te avergüenzas de ello y sabes que está mal. Ese arrepentimiento es tu guía, es tu conciencia guiándote para ser tu mejor versión.

Es curioso que el alcohol se haya generalizado hasta el punto de que los perdedores lo vean como algo normal. No lo es. El alcohol no deja de ser una droga, al igual que la cocaína. Pero como es legal, porque es una industria billonaria que se lucra destruyendo vidas, tú crees que está todo bien y no pasa nada.

El alcohol es la herramienta que el sistema, la puta Matrix, usa para mantenerte controlado y darte tu dosis de FALSA FELICIDAD. Tienes que abrir los ojos y escapar de esa trampa.

Pero ¿qué sabré yo? Ahora, mientras escribo esto, son las 6:00 AM. Antes, a esta hora seguía hasta el culo de cocaína, no sabía ni quién era. Ahora me levanto alineado con mi mejor versión, feliz, en mi mansión situada en una de las mejores islas de Miami.

El atardecer visto desde mi segunda mansión en Miami,
la mansión donde vivo ahora.

¿Lo mejor de todo? Que no escapo de mi vida, que disfruto el presente, que vivo cada día como si fuera el último, que me dejo el 100% cada día.

Cada día muestro mi agradecimiento a Dios por guiarme hasta encontrarme a mí mismo. Ser agradecido no es dar las gracias, sino tomar acción masiva cada día; esa es la única manera de hacerlo. ¡Agradecido de tener un cuerpo saludable, agradecido de tener otras 24 horas en este maravilloso planeta para dar el 100%! Dios me bendice por ser esa LUZ que este mundo necesita, por ser ese hombre que yo mismo necesitaba en mis momentos más oscuros.

¿Crees que el jet, la mansión, los supercoches y los relojes de lujo son mi cima? ¡Esta mansión de 20 millones en Miami me la suda! ¡No he hecho más que empezar! De hecho, *mostro*, tengo poco más de 30 años y no llevo más de un par de años completamente alineado. Si crees que mi vida actual es sinónimo de éxito, sigue perdiendo tu tiempo cinco años más y después vuelve a buscarme para ver hasta dónde he llegado: a un lugar que ni siquiera puedes imaginar.

> **La verdadera felicidad es el progreso. Sin progreso, uno no vive: sobrevive.**

No hay mejor sensación que sentir que mereces todo lo que tienes y mucho más. El trabajo infunde valor y, si lo combinas con la eliminación de todos los vicios, sentirás que mereces tu recompensa.

Deja de sobrevivir y empieza a vivir de verdad. Porque sí, el camino es duro, pero la recompensa... ¡la recompensa es MASIVA!

HUIR DEL PLACER INMEDIATO

Nunca olvides esto: el hombre o la mujer que encuentra satisfacción en no recurrir a los placeres instantáneos no puede ser parado.

Cuando nos retamos a nosotros mismos, cuando elegimos cada día el camino más difícil, cuando ponemos el máximo esfuerzo, es cuando realmente respetamos nuestros objetivos.

Una de las frases que más escucho por parte de la gente que está perdiendo en la vida es: "Llados, no tengo motivación, ¿qué hago? ¿Cómo puedo motivarme?"

Cuando oigo esto, lo que veo es una mentalidad de déficit, una mentalidad de perdedor.

Lo que te dices a ti mismo es crucial.

Así que te pregunto: ¿Por qué coño te dices esas cosas? ¿Por qué te colocas en el papel de víctima? ¿Por qué te convences de que no puedes hacer algo?

Yo nunca me digo esas mierdas. Simplemente, ¡actúo!

Me levanto a las 4:30 AM por defecto. Es un hábito que he incrustado en mi ser a base de repetición. Hoy, por ejemplo, no me apetecía nada escribir. Cuando he abierto los ojos a las 4:30 AM, me sentía agotado, sin una pizca de motivación para levantarme. Pero lo he hecho. Y aquí estoy, ¡cabrón! Escribiendo pese a que no tenía ganas de escribir sobre qué hacer cuando no tienes motivación. ¿Entiendes? Son las 6:28 AM y mientras redacto esto, pienso: "¡*Faaak*, nada me puede parar! Aquí estoy, haciendo todo lo que no quería hacer."

Cuando construimos hábitos a través de la repetición diaria, reprogramamos por completo nuestro subconsciente.

Cuando ponemos nuestra mirada siempre en Dios y no en el resultado, Él siempre nos ayudará a ser disciplinados en esos momentos en los que no queremos hacer nada. Y créeme: esos momentos no dejarán de venir, uno tras otro.

Así, eliminamos la mentalidad que atormenta al 99% de la población, esa que solamente actúa cuando está motivada, que tiene mentalidad de víctima, la que hace el mínimo esfuerzo, pero espera grandes resultados.

> **La realidad es esta: ¡los ganadores nos dejamos la piel cada día sin esperar nada a cambio!**

Lo que más atormenta a la gente es la disonancia cognitiva. Es cuando tu mente subconsciente sabe que te estás mintiendo. Ocurre cuando tus pensamientos y tus acciones no están alineados.

Te doy dos ejemplos sencillos. En el primero, quieres perder peso, pero no vas al gym y te llenas la cabeza de excusas para sentirte mejor. En el segundo, quieres estar en la posición de una persona, pero en lugar de imitar las acciones que le han hecho triunfar, la criticas.

En ambos casos, lo que sientes es disonancia cognitiva. Tus actos no se corresponden con tus pensamientos y deseos.

La repetición crea fortaleza. Como todo en la vida, funciona igual que cuando desarrollas tus músculos. El trabajo no es un castigo, sino una bendición. Nunca deberías tener como objetivo jubilarte o retirarte: eso lleva al aburrimiento, que a su vez desemboca en deseo… y este te lleva a los vicios.

No busques motivación externa. Crea disciplina interna. Deja de buscar excusas. Elige el camino difícil cada puto día. Porque al final, la satisfacción de vencer a tu yo débil es un subidón que ninguna droga puede igualar.

TU CUERPO TE IMPIDE VIVIR EL PRESENTE

Voy a soltarte una verdad que te va a cambiar la vida: para ganar el año, tienes que ganar el mes; para ganar el mes, tienes que ganar la semana; y para ganar la semana, tienes que ganar el día. Me flipa ver cómo la gente se estresa y complica la vida, pensando que triunfar es algo súper complejo.

> **La clave para reventarlo en la vida es simple: ganar el día y acumular días perfectos uno tras otro.**

La mayoría de las personas vive anclada en el pasado o soñando con el futuro, olvidándose de lo único que importa: el presente. Si eres capaz de estar presente en todo momento y dar el 100%, tu futuro brillará como un diamante.

Mucha gente no entiende qué tiene que ver estar en forma con tener éxito en la vida. Para mí, es una de las piezas más cruciales, es indispensable. Y te lo explico: nunca vas a estar presente hasta que no estés orgulloso de tu presencia. Y no puedes estar orgulloso de tu presencia si no lo estás de tu cuerpo. Mirarte al espejo y sentir orgullo de lo que ves es vital.

Si no estás en forma, no vas a estar presente en el restaurante con tu familia porque sabes que no deberías estar comiendo esa comida porque no te la has ganado. Si no estás en forma, no vas a estar presente en la playa porque vas a estar incómodo y te va a dar vergüenza quitarte la camiseta.

> **Tu cuerpo no solo te dará o quitará toda la confianza en cualquier situación, sino que también es el mayor símbolo de estatus. Mientras sientas vergüenza de tu cuerpo, nunca podrás estar realmente presente en la vida.**

Puedes comprar un Lamborghini con el dinero de una herencia, pero no hay suficiente dinero en el mundo que te permita comprar un cuerpo en forma. Todo el mundo sabe que para lograr un gran físico son necesarios años de entrenamiento, una buena nutrición, disciplina y buenos hábitos. Por eso, un cuerpo en forma inspira respeto inmediato en los demás.

Admirar a una persona que tiene un Lamborghini pese a tener una panza es un problema, pues esa persona se valida con el dinero, nunca se sentirá completa y caminará en la oscuridad. El dinero no es ni bueno ni malo, no es más que una herramienta, pero validarse con él sí es malo. Yo he caído en ese error varias veces y me ha destruido.

El fitness y tu cuerpo son como una moneda de dos caras: tienen el poder de convertirte en la persona más fuerte a nivel mental del mundo, pero también pueden destruirte. Tienen una cara oscura y otra que brilla mucho, así que asegúrate de usarlos correctamente.

> **Esta vida me ha enseñado que, cuando te tomas algo demasiado en serio, todo se va a la mierda.**

Me pasó con el fitness y me pasó con las motos. Dejé de disfrutar tan pronto como empecé a tomármelo todo muy en serio. La diversión desapareció. Y si no te diviertes haciendo algo, es seguro que no continuarás haciéndolo durante el resto de tu vida. En ese caso, ¿de qué vale invertir tu tiempo y energía en algo que sabes que no va a durar?

ESCAPABA DE MI VIDA EN LOS FESTIVALES

No hay ni una sola excepción: en TODAS las fotos y vídeos en los que me veas en un festival de música, puedes estar seguro de que iba completamente drogado. ¿Y para qué va la gente a esas mierdas si no es para joderse la vida? Todo son sonrisas, pero el fondo es oscuro, ¡muy oscuro! Se trata de personas que escapan de su realidad y la mayoría ni siquiera lo sabe.

> **Mi misión ahora es evitarle a otros el dolor que casi me destruye la vida. Siento una responsabilidad enorme de concienciar a los jóvenes de que los festivales y la fiesta les van a DESTRUIR.**

La realidad es que, si vas a festivales, estás escapando de algo. Pregúntate de qué huyes... De hecho, ahora mismo nadie me puede pagar lo suficiente para que vaya a una mierda de esas. Levantarse antes que el sol y estar cerca de Dios y no tener vicios es el mejor estado mental que un ser humano puede sentir. Drogarse es alejarse de Dios y acercarse al Diablo.

> **La fiesta y las drogas son dos de las herramientas favoritas del Diablo para controlar tu vida, para que seas uno más entre los que viven ciegos ante su verdadero potencial.**

Ahora lo veo todo clarísimo, pero antes, literalmente, sentía que los festivales eran la mejor parte del año. ¡Menuda mentalidad de *fakin* perdedor tenía!

Desde que no bebo, no salgo de fiesta y no consumo drogas, veo el mundo de una forma completamente distinta. He conseguido conectar con mi espíritu, establecer una relación con Dios, eliminar el estrés y tener una paz interior increíble. Eso sí que son grandes resultados, no el placer instantáneo que te dan las drogas.

No necesitas festivales ni drogas para sentirte vivo. Necesitas trabajar en ti mismo en lugar de escapar de tu realidad en fiestas. Sé que ahora puede que no lo entiendas, y créeme, yo tampoco lo habría entendido cuando salir de fiesta era el highlight de mi vida.

Pero ya lo dijo Jesús: "Ahora no entiendes lo que hago, pero algún día lo entenderás" (Juan 13:7 NTV).

¿Estás listo para dejar de ser un perdedor que escapa de su vida y convertirte en un ganador que la enfrenta? Recuerda: los festivales son para los débiles, para los que escapan. Los fuertes afrontamos la vida creando nuestra propia fiesta interna, y esa, hermano, dura para siempre.

RELACIONES

EL PODER DEL KARMA

Hoy en día, basta elevar mi voz o gritarle a alguien para romper carácter, algo que me duele en el alma. Esos episodios, aunque poco frecuentes, me molestan y frenan mi progreso. El karma actúa de forma instantánea y me castiga internamente, añadiendo una carga que me aplasta y no me deja avanzar, impidiéndome enfocarme en lo verdaderamente importante.

Intento evitar estas situaciones como sea, pero hay dos que recuerdo especialmente por lo mucho que me marcaron.

La primera tuvo lugar en una de mis visitas al banco. Tenía que hacer una transferencia de 100K aquel día sí o sí, era muy importante. El banco iba a cerrar en menos de cinco minutos y yo esperaba impaciente en la cola. Cuando por fin llegué a la ventanilla, la chica me dijo que no podía hacer transferencias. Rompí carácter y me enfadé. Poco después acudió el mánager, a quien me dirigí con muy mala educación mientras abandonaba el banco. Nada más salir a la calle, sentí el peso del karma acumulándose dentro de mí.

En casos como este, la mayoría de la gente suele justificarse echándole la culpa al banco. Sin embargo, yo sabía que era yo quien había actuado incorrectamente y así se lo dije a mi mujer. Poco después, decidí invitar en un Starbucks a la mujer que estaba detrás mía en la cola. Mi idea era ofrecer algo al universo. Casualidad o no, resulta que ella ya había pagado su pedido con el móvil y simplemente venía a recogerlo. Interpreté que el universo me había perdonado y el karma se evaporó, aliviándome al instante.

La segunda anécdota ocurrió un día en que hablaba con mis padres por teléfono. Me dijeron que no usara cierta palabra y, al no estar de acuerdo con ellos, les colgué. De inmediato, sentí cómo el karma me golpeaba. Esa sensación no desapareció hasta que les llamé al día siguiente para pedirles perdón.

> **Estas dos experiencias me enseñaron algo fundamental: todos sabemos perfectamente cuándo actuamos bien o mal.**

No podemos engañar a nuestra conciencia, es imposible. Por eso, hermano, aprende a vivir con congruencia de conciencia. Es la única manera de construir una vida de la que puedas sentirte verdaderamente orgulloso.

> **Cada vez que eliges el camino fácil, cada vez que piensas únicamente en ti mismo, cada vez que rompes carácter, el karma pone en pausa tu vida.**

La realidad es esta: tienes el poder de mejorar cada día, ¡aprovéchalo! Construye una vida basada en servir a los demás, en la integridad y en la fuerza real. Porque al final, lo que realmente importa no es cuánto tienes, sino en quién te has convertido. Empieza hoy mismo: ¡gana este puto día y no rompas carácter!

LA VIDA ES UN ESPEJO, NO UNA VENTANA

Las leyes universales son muy reales, hermano. Recibes del universo lo mismo que tú le das. ¿Crees que puedes ir por ahí jodiendo a la gente sin consecuencias? La deuda kármica es como una tarjeta de crédito cósmica: se acumulará en ti si haces daño a los demás.

> **Cada vez que haces daño a alguien es como si hicieras *swipe, swipe, swipe...* y la factura llega cuando menos te lo esperas.**

Debemos pagar por nuestras acciones en esta vida. El karma es un espejo que te devuelve todo lo que haces, sea bueno o malo. Desear el mal a alguien acumula deuda kármica y te impide avanzar en la vida. Por eso, yo no le deseo el mal a nadie porque no quiero el mal para mí.

Es más, te lo voy a demostrar con una experiencia que viví en primera persona. Un alumno mío, al que ayudé muchísimo y que logró escapar del sistema gracias a mí, me lo acabó pagando, apuñalándome por la espalda. Esto hizo que yo, por primera vez en mi vida, no le desease el bien a alguien.

Y ¿sabes qué? Esto creó en mí un freno mental que me bloqueó durante meses. Volvía constantemente a mi mente y no me permitía operar con claridad mental. Cuando, a pesar de sus malas acciones hacia mí, yo le perdoné, fue como soltar el puto freno de mano y avanzar de nuevo como un cohete.

Te lo advierto: esto mismo te va a pasar a ti. Y aunque esa persona te haya jodido y no te pida perdón, tú debes perdonarla si quieres poder avanzar.

> **Algún hijo de puta te va a traicionar,
> y tendrás que decidir: ¿me quedo atrapado
> en el rencor o avanzo?**

La próxima vez que discutas con alguien, observa detenidamente cómo esa persona ocupa tu mente durante horas, días, y a veces incluso años si la discusión o el daño han sido graves. ¡Es como un virus mental, *faaak*!

La deuda kármica bloquea tu intuición y no te permite manifestar tu mejor versión. Es como poner en pausa tu vida, un castigo del universo.

Recibimos lo que damos. Ni más, ni menos. Si un hombre está bien, su mundo estará bien. Esa es la verdad. Todos sabemos qué está bien y qué está mal. Nunca debes pensar que dañar a otros puede elevarte. En la vida nunca vas a avanzar pisando a los demás. Puede que en ese momento creas que avanzas, pero el universo siempre pone a todos donde se merecen. Es como mear contra el viento: te va a salpicar.

ERES LA SUMA DE TU ENTORNO

¿Alguna vez te has preguntado por qué algunos triunfan y otros se quedan en la mierda? La respuesta está en tu entorno, y es más simple de lo que crees.

Seguro que has escuchado esta frase: "Eres la suma de las cinco personas con las que te juntas." Si te rodeas de cinco tontos, serás el sexto. Si te rodeas de cinco millonarios, serás el sexto. Es un principio tan simple, tan cierto y tan fácil de recordar que me parece increíble que todavía pueda haber personas que no lo pongan en práctica.

Mira, es así de simple. Si te juntas con tres borrachos, ¿qué crees que serás? Pues ya te lo digo yo: el cuarto borracho. ¿Y si te rodeas de tres empleados? Felicidades, máquina: ¡acabas de convertirte en el cuarto empleado!

¿Dónde está el problema entonces? ¿Por qué la gente no vive su día a día siguiendo este principio? La respuesta es sencilla: por su entorno.

Cuando nacemos, no tenemos opciones. Acabamos siendo el resultado del entorno en el que hemos crecido, determinando qué está bien y qué está mal en función de lo que observamos durante esos primeros años de vida. Nuestros valores se forjan en base a ese entorno concreto y es muy difícil que alguien nos haga ver que nuestras creencias son erróneas y que existen valores alternativos. Imitamos lo que vemos.

Eres la suma de los valores, creencias y entorno que absorbes durante tu niñez y adolescencia.

Esta primera fase de tu vida no la controlas, y tu entorno decidirá con qué te validas. Si naces en un lugar que carece de aquellos valores importantes que definen a la humanidad, como la amabilidad, la honestidad, la buena intención, el respeto, el trabajo duro y el hacer el bien para los demás, vas a llegar a la edad adulta con una gran desventaja. Tu entorno determinará si empiezas con ventaja o desventaja.

Ahora bien, un error muy común es asumir que nacer en un entorno de riqueza te garantiza ser rico, o que nacer en un entorno de pobreza te condena a ser siempre pobre. Es verdad que la gente que nace en una familia con dinero tiene ventaja, pero no por la riqueza de sus padres, sino por el comportamiento, las creencias y los valores que esos padres transmiten, pues se trata de personas que han sabido cómo tener éxito. En cambio, los que nacen en un entorno pobre cuentan con una gran ventaja con respecto a los que nacen ricos: ¡tienen un hambre que las personas acomodadas nunca tendrán!

No puedes cambiar tu pasado, pero sí puedes mandar a la mierda las excusas y sacar lo mejor de tu situación. Sea cual sea tu punto de partida, siempre puedes tener éxito.

¡*Bro,* no importa de dónde vengas! Lo que importa es a dónde quieres llegar. ¡Porque al final del día, son tu tiempo y tu dinero y tú decides dónde los pones! Tú decides si quieres ser el sexto tonto o el sexto millonario.

LA MATRIX

La Matrix es muy real. La Matrix es una cárcel mental.

Máquina, cualquier persona, en cualquier parte del mundo, puede escapar de ella. ¿Cómo? Es muy simple: cambiando su entorno.

Cuando cambias tu entorno, tus creencias limitantes van desapareciendo poco a poco. Ese miedo que te tiene paralizado desaparece cuando estás al lado de una persona que no lo tiene.

Es muy triste ver que tantas personas aceptan una versión tan mediocre de sí mismas.

Prueba esto: diles a tus amigos que algún día vas a tener un Lambo, que vas a vivir en una penthouse en Miami, que vas a tener casas en ambas costas de los Estados Unidos, que vas a viajar por todo el mundo… ¿Cuál va a ser su respuesta?

Te van a decir: "¡Deja de soñar! Eso solo está reservado para la gente con suerte, para los que nacieron ricos."

Hermano, esas son las personas que debes eliminar de tu vida. Porque ellos son la Matrix. Personas sin FE, personas que han tirado la toalla en la vida y a las que tú no puedes ayudar directamente. Es más, la única manera de ayudarlas es alejándote de ellas y demostrándoles resultados tan masivos, que un día sean ellas las que vengan a pedirte ayuda.

Si tienes panza y eres un empleado mileurista ahora mismo, no pasa nada: yo también estuve ahí. ¡Pero lo que sí es grave es que aceptes esa *fakin* mierda como tu destino!

Yo no acepto estancarme, y tú tampoco deberías. El día en que te acomodas y te dices: "Ya no me esfuerzo más" ... ese día has perdido.

TU PRIMERA RELACIÓN DEBE SER CONTIGO MISMO

El propósito de una relación no es tener a otra persona que te complete, sino tener a alguien con quien puedas compartir y experimentar lo completo que ya eres.

> Al final, hay muchos con quien estar, pero pocos con quien SER. Esto es lo que has de buscar.

Mucha gente comete el error de buscar amarse a sí misma a través de su amor por otra persona. Perder el YO es la causa principal de que una relación aporte dolor cuando debería ser todo lo contrario: un beneficio mutuo.

Piénsalo, hermano. Es así como dos personas se unen en una relación pensando que juntos sumarán más, pero lo único que consiguen es restar. Estaban mejor solteros: más alegres, con más confianza, con más hambre...

> No puedes usar una relación para tratar de saber quién eres o para encontrar el propósito de tu alma. Esto se hace trabajando en uno mismo.

Por esta razón, nunca deberías tener una relación seria hasta que sepas quién eres. Si te metes en relaciones sin saberlo, luego la otra persona dirá al cabo de un tiempo que has cambiado... pero la verdad es que uno no cambia, simplemente va descubriendo quién es.

> **Para descubrir quién eres, debes aislarte. No debes recibir la influencia de otras personas, porque te van a influir para ser como ellas.**

Yo pasé por este proceso, me aislé de todos y dejé atrás a mi familia, a mis amigos y a mi país. Fue solamente entonces cuando logré embarcarme en el camino de la autorrealización. Fue solamente entonces cuando pude conocer quién soy en realidad.

> **Tu primera relación debe ser contigo mismo. Debes aprender a amarte, valorarte y respetarte. Eres tú quien debe entender por tu cuenta quién eres exactamente.**

Los únicos que conocerán a Dios son aquellos que han sufrido y creado a la persona que admiran y respetan. Serán los únicos que tendrán el poder de cambiar vidas, y es que nunca podrás cambiar una vida si no sabes quién eres ni das prioridad absoluta a trabajar cada día en ti mismo.

No puedes enamorarte de nadie hasta que no te enamores de ti mismo. Así que recuerda esto que te voy a decir y nunca lo olvides: permanece ahora y para siempre centrado en ti mismo. Observa siempre lo que tú eres, haces y tienes entre manos en todo momento.

No desvíes tu energía hacia lo que sea, haga o tenga entre manos otra persona. No son las propias acciones de otras personas las que te afectan, sino cómo reaccionas ante ellas. Siempre puedes controlar cómo interpretas la realidad y eso te da un poder sobre tu destino que no tiene ni sentido. Una persona fuerte no depende de nadie para poner el trabajo.

> **Si dependes de una persona externa para operar, entonces eres débil, porque tu destino no está en tus manos, sino en las manos de otro.**

En definitiva, cuando te conoces y te amas de verdad, tu vida y tus relaciones se transforman de una manera que ni te imaginas. Máquina, no la cagues buscando en otros lo que solamente puedes encontrar en ti. Pon el trabajo y cuida la relación más importante de todas: la que mantienes contigo mismo.

EL AMOR VERDADERO ES DESINTERESADO

Bro, una relación amorosa nunca falla. Simplemente, puede que no tenga el resultado que esperabas. Si una relación se acaba, es porque se inició por la razón equivocada.

> **Si empiezas a "amar" a alguien esperando algo a cambio, eso no es amor: es una expectativa.**

Piénsalo bien: si empiezas a "amar" a alguien y en tu mente estás esperando que pague la mitad de algo, eso ya no es amor. El amor verdadero se da desinteresadamente, no esperas nada a cambio.

Te voy a contar algo personal. Cuando conocí a mi mujer, yo no tenía nada. De hecho, ella me recogía en su Honda Accord porque yo ni siquiera tenía coche. Ella me amaba y no esperaba nada de mí. Ella decidió amarme. Y te lo digo yo: Dios siempre recompensa a este tipo de personas.

Suena muy romántico decir que has conocido a alguien especial que te hace sentir completo, pero cuando esto pasa, lo cierto es que esa relación está condenada al fracaso y no va a durar.

El propósito de una relación no es rellenar un vacío, sino tener a alguien con quien compartir esa plenitud que ya has alcanzado por ti mismo.

Este es el error que comete todo el mundo: meterse en relaciones solamente para rellenar de manera falsa y artificial una sensación de vacío interno. Jugando con los sentimientos de otra persona a la que le hacen perder años de su vida. Y esto, hermano, es lo más egoísta que existe.

Nunca deberías empezar una relación si no te sientes completo, porque fracasará. Solamente llenarás ese vacío trabajando en ti mismo, no a través de otra persona. Cuando conocí a Thalia, yo ya me sentía súper completo. No tenía dinero, pero era una persona agradecida y feliz.

En una relación, cada persona debe preocuparse por sí misma. Parece una locura, ¿verdad? Siempre te han enseñado que en una relación debes estar obsesionado con el otro. Pero ahí está el fallo: tu obsesión, tus celos, tu atención constante hacia el otro... todo eso es precisamente lo que provoca el fin de la relación.

Si estás todo el rato preguntándote qué hace tu pareja, dónde está, con quién está... debes parar. Eso te dice que no estás completo por dentro. Una persona segura de sí misma no necesita saber en ningún momento qué está haciendo otra persona. El maestro comprende que no importa lo que esté haciendo, diciendo o pensando el otro. Solamente importa qué eres tú con relación a eso y cómo reaccionas.

¿Y sabes qué? La persona más egocéntrica es la que mejor sabe amar.

¡BOOM! Esta no la veías venir, ¿verdad, *mostro*? Exacto, nunca te ha educado un maestro del arte de vivir, nunca te ha educado un líder que domina todas las áreas de su vida: Cuerpo, Mente, Relaciones, Dinero y Espíritu.

Si no puedes amarte a ti mismo, no puedes amar a nadie más. Por eso, el foco siempre debe estar en el respeto y el amor propios, ganados a través de un proceso diario no negociable de sufrimiento y superación. Una mujer, por naturaleza, va a sentirse atraída por el hombre que más se esfuerce a diario. Ese hombre será el más fuerte.

> **Mucha gente comete el error de buscar amarse a sí misma a través de su amor por otra persona.**

Lee de nuevo la frase anterior. Varias veces. Y es que nadie opera así de manera consciente, es una reacción inconsciente de la mente de alguien que no se ama a sí mismo. Se trata de personas que creen que, si logran amar a otra persona, esa persona les amará de vuelta y así podrán amarse a sí mismas. ¡Pero no! ¡Esto nunca funciona!

Es hora de que ames de verdad, amándote en primer lugar a ti mismo, para después amar a otra persona sin esperar nada a cambio. Esto es clave, porque cuando empiezas a amarte a ti mismo y a dar amor desinteresadamente, tu vida y tus relaciones se transforman de una manera que no tiene ni sentido. No cometas el error de buscar en otros lo que solo puedes encontrar dentro de ti.

3 PASOS PARA SUPERAR A TU EX

Máquina, este es un mensaje para todos los hombres a los que les han roto el corazón, los han dejado o han tenido que dejar a su pareja. A mí nunca me ha dejado una mujer, pero sí he tenido que dejar a una de la que estaba enamorado en ese momento.

> **Quiero que entiendas una cosa: estamos en este mundo para subir de nivel, y la única manera de progresar es sufriendo. El sufrimiento es progreso.**

Cuanto antes te des cuenta de que Dios te está poniendo a prueba para ver si eres digno del siguiente nivel, antes lo superarás. Es una bendición, no un problema.

Si te han dejado, es tu culpa. Una mujer no deja a una bestia que está en forma, que tiene una posición económica súper estable, que provee, que tiene la mente en el sitio correcto y está espiritualmente fuerte. En esta vida, eres responsable de todo lo que te ocurre. ¿No conduces el coche que quieres? Tu culpa. ¿Te ha dejado una mujer? Tu culpa.

Bro, a mí me atropelló un coche cuando iba en moto, y fue mi culpa. Aunque el semáforo estuviera en rojo y el coche me arrollara por detrás, fue mi culpa por haberme expuesto a ese peligro. La clave es afrontar tu responsabilidad.

Para poder amar a alguien, primero tienes que amarte a ti mismo. Si te han dejado, es porque no te amas. Tienes mucho trabajo por hacer, tío. Y no hay ningún problema. Tienes que entender que cuando ganas, no aprendes; cuando todo es positivo, no aprendes. ¡Solo cuando sufres, cuando pierdes, es cuando aprendes de verdad!

> **No te quejes de los problemas. Los problemas son la señal de que estás empujando tus límites y de que quieres progresar al máximo. Sin problemas no hay progreso: es así de simple.**

Cuanto más avanzas, más grandes son los problemas y más presión tienes que soportar. Por eso tu nivel de éxito nunca superará tu nivel de desarrollo personal. ¡Así que deja de llorar, cabrón!

Dicho esto, te dejo mi guía con los pasos a seguir cuando sufras una ruptura amorosa:

1. Bloquea a la otra persona de todos lados.
2. Ve al gimnasio todos los días y agrega una sesión de burpees como Round 2.
3. Aíslate como un *faking* cabrón. Vuélvete fuerte física y mentalmente.

Para que todo esto funcione, elimina todo placer inmediato: alcohol, drogas, coleguitas perdedores mascachapas mileuristas con panza que solo salen de fiesta, beben y no tienen *fakin* dinero. Escucha a hombres fuertes como yo que tienen todo lo que quieren en la vida.

Es un proceso en el que vas a estar solo y te vas a conocer a ti mismo. Vas a tener que currar mucho, pero si sigues estos pasos durante el tiempo suficiente (no te voy a decir cuánto porque es imposible saberlo), vas a reventarlo. Yo pasé por tres meses muy duros cuando dejé a mi novia; ni siquiera quería comer, pero después... ¡BOOM! Me hice más fuerte.

> **Cuando te aíslas, te separas de la Matrix. Es tu oportunidad de unirte a los *fakin* bestias, quienes vivimos en otra dimensión y para quienes el dinero no es un problema.**

La elección de tu pareja es la decisión más importante de tu vida. Es la persona con la que más tiempo compartes, con la que vas a dormir cada noche. Si no tienes una pareja que te apoye y te ayude a elevarte, ni te ayude a tener buenos hábitos y te distrae con vicios, elimínala de tu vida y quédate solo.

Todo el mundo necesita estar solo para conocerse a sí mismo. Sin embargo, casi nadie se conoce a sí mismo. La gente no sabe quién es, qué le gusta, anda *drifteando* por la vida sin ni siquiera un rumbo. No sabe qué quiere ni a dónde va.

> **¿Qué pretendes hacer en el mundo si ni siquiera sabes cuál es tu propósito, tu misión, tus objetivos? Empieza por ahí y conviértete en tu mejor versión.**

Tú no has llegado a este mundo para estar en una relación tóxica. No has llegado para ser infeliz cada puto día. No has venido para conformarte con comprar solo lo que puedes y no lo que quieres. No estás aquí para vivir una vida barata. No has llegado a este mundo para ser gordo, para ser pobre, para no tener confianza, para no tener huevos de hablar en público o de hacer algo grande. No has nacido para esa mierda.

Así que, aunque no sepas qué quieres hacer en esta vida, yo sé lo que tienes que hacer: convertirte en tu mejor versión. Y para eso, tienes que empezar a trabajar en ti mismo desde ya mismo. Mental, física y espiritualmente. Cambia completamente tus hábitos y la gente con la que te rodeas. Aunque no lo sepas, los hábitos de un hombre son aquello con lo que verdaderamente se valida, así que solo hay que ver los hábitos de una persona para saber quién es y con qué se valida.

Invierte en ti mismo, cabrón. Si tú no inviertes en ti, es que no te quieres, no te amas. ¡Quién leches va a invertir en ti si ni tú mismo apuestas por ti! Le das más valor al poco dinero que tienes que a ti mismo: por eso te da miedo poner esa pasta en la mesa, la que has de invertir para aprender de la persona que vive la vida que tú quieres vivir.

Deja de escuchar a papanatas sin resultados. Eso es invertir en ti. Invierte también dinero en conocimiento. Busca una persona que tenga exactamente lo que quieres lograr en esta vida y que te enseñe cómo hacerlo.

> **Dedica tiempo para ti cada día: levántate antes que el sol, ve al gimnasio, lee, rodéate de mentes que están donde tú quieres estar, con los resultados que tú quieres.**

En esta vida no hay ningún truco mágico: es un sistema que yo aprendí y que pongo en práctica cada día. Es una estructura, unos hábitos, un mindset, un conocimiento práctico que da resultados en la vida real.

Mi vida es real y, si quieres que te ayude a cambiar la tuya, estás en el sitio correcto.

DISFRUTA DE TODO, NO NECESITES NADA

A todos nos gusta sentirnos necesitados, ¿verdad? Por amor, le hacemos creer a nuestra pareja que la necesitamos. Nuestra manera de "mostrar" amor es diciéndole y demostrándole lo mucho que la necesitamos. Pero esto es un gran error que yo mismo he cometido.

Y viceversa, algo muy común que hacen todos los hombres débiles es manipular a su mujer para que piense que lo necesita para vivir, que depende emocionalmente de él. Deja de hacer esta mierda, cabrón.

> **Debe gustarte ser innecesario. Este es el mayor regalo que puedes darle a alguien: la fortaleza y el poder de no necesitarte, de que no te necesite para nada.**

Esto no solo lo he aplicado a mi relación con mi mujer, lo que la ha llevado a otro nivel, sino también a mi negocio. Mi objetivo no es que mis alumnos y lectores me necesiten siempre, sino que dejen de necesitarme lo antes posible. Quiero que lleguen a mi nivel de conciencia: esa sería la mayor victoria de todas. ¡Yo quiero crear líderes que a su vez creen otros líderes!

Máquina, la mayoría de las personas están atrapadas en la Matrix. Se experimentan a sí mismas solamente como un cuerpo. Una vez terminan el colegio y la universidad, dejan olvidada la mente. No leen nada de valor, no reflexionan a través de la escritura, no enseñan nada. Hacen todo lo posible para desconectar de su mente y buscan, consciente o inconscientemente, que alguien les diga qué tienen que hacer. Quieren seguir a un líder, pero uno que les dé indicaciones fáciles de seguir. Todo responde al deseo de no pensar y de seguir la ley del mínimo esfuerzo para estar "cómodos." Por eso siguen las instrucciones del sistema y permanecen esclavos toda la vida.

Cuando vives en el mundo unidimensional, te quedas atascado en los asuntos del cuerpo: dinero, sexo, posesiones, poder, placer inmediato, fiestas, drogas, fama...

Cuando vives en el mundo bidimensional, expandes tus intereses para dar prioridad a tu mente: crear relaciones significativas y fomentar el compañerismo, la creatividad y el desarrollo personal.

Cuando vives en el mundo tridimensional, alcanzas por fin la paz contigo mismo. Es el momento en el que pasas a centrarte en cultivar tu alma, buscando un propósito en la vida, profundizando en tu relación con Dios, acelerando tu crecimiento espiritual. Es entonces cuando pasas de seguir tu propia voluntad a seguir y cumplir con la voluntad de Dios.

Deja de necesitar y empieza a experimentar lo que tienes sin ataduras. Solo cuando dejes de depender emocionalmente de los demás podrás empezar a crecer en todas las dimensiones. No seas un plebeyo más que solamente vive en la primera dimensión del cuerpo: ¡los verdaderos líderes son maestros de todas las dimensiones!

Ahora te dejo que reflexiones sobre cuál es la dimensión en la que vives la mayor parte de tu día a día.

"AMOR, NO SÉ QUÉ ME PASA, PERO ME QUIERO FOLLAR A OTRAS

Después de dos años con mi mujer, le dije: "No sé qué me pasa, amor, pero me quiero follar a otras."

Eso es lo que sentía por aquel entonces. No tiene que ver con la vida que llevo ahora. Tras haber entregado mi vida a Jesús y tras nueve años de matrimonio con mi mujer, puedo decir que ella es lo mejor que me ha regalado Dios. Todo es perfecto, hasta esos deseos de estar con otras mujeres que experimenté en el pasado, porque gracias a haber experimentado lo que no soy... pude redescubrir quién soy en realidad.

La realidad es que, en la época en la que le dije esa frase, no era un hombre alineado. Era un hombre con una adicción a la cocaína, con un problema con las mujeres. La realidad es que escapaba de mi falta de compromiso con mi desarrollo personal; la verdad es que no era el hombre que hoy admiro y respeto. Es más, me avergonzaba de mí mismo, y así, nunca se puede conectar con la inteligencia infinita. Vibraba en las frecuencias más bajas: el arrepentimiento y la vergüenza.

Ese día me dije a mí mismo que me negaba a crear una realidad FALSA, que me negaba a vivir una MENTIRA, ¡que me negaba a vivir con una incongruencia de conciencia!

En contra de lo que todos dicen, es decir, "No le digas eso," yo me dije, "¡Me la pela!" Me daba igual lo que opinaran los demás. ¡Yo no iba a vivir el resto de mi vida siendo un hipócrita! No iba a esconderme para ver a mujeres y luego hundirme en el arrepentimiento. Así que hice lo que siempre se debe hacer: decir la verdad. ¡Prefiero morir a vivir una *fakin* mentira!

El 99,9% de los hombres son unas putas nenas que esconden lo que realmente sienten. ¡No viven alineados! Aprenden a vivir con cargos de conciencia porque no tienen los huevos de afrontar la realidad como los hombres de verdad.

Hermano, yo tengo absolutamente todo lo que soñaba en la vida: la salud y el físico que siempre soñé, las relaciones más brutales y reales que siempre quise, el dinero que soñé. ¿Sabes por qué? ¡Porque le he puesto huevos a la vida en todas las áreas! ¡Porque opero sin miedo, *faaak*!

Probablemente, tú ni siquiera te atreves a decirle la VERDAD a tu chica a la cara. Luego te preguntas por qué te sientes incompleto y crees que tener más dinero solucionará ese vacío. No, el problema es que tu vida es una mentira, pues mientes hasta a la persona más cercana a ti.

Máquina, mi vida no tiene que ser la que tú sueñas. Pero te digo algo: ¡yo no cambiaría mi vida por la de absolutamente nadie!

Y tú, ¿puedes decir lo mismo?

EL CAMINO A LA FELICIDAD ESTÁ EN VIVIR TU VERDAD

Comparte tu verdad tan pronto como hayas dado con ella. La verdad te libera: no es una frase hecha, es la puta realidad.

> **No existe eso de la Verdad Absoluta.**
> **Existe lo que es verdad para ti, y eso es**
> **lo más importante en tu vida.**

Intentar solucionar un problema en el mismo estado mental en el que lo creaste o te encontraste con él es un juego de tontos. La diferencia entre una persona pobre y una persona rica no es el dinero, sino el nivel de conciencia. Por eso tu objetivo no debe ser el dinero, sino elevar tu nivel de conciencia.

> **No escondas tu verdad, no escondas tus**
> **sentimientos auténticos, no escondas tu**
> **experiencia del ahora.**

Lo último que debes hacer es esconder quién eres a tu gente más cercana. Irónicamente, son de los que más nos escondemos. ¿Por qué? Por miedo a dañar sus sentimientos o por miedo a perderlos. Pero adivina qué: eso es exactamente lo que estamos haciendo, hacerles daño y perderlos.

> **Al no decirles toda la verdad sobre nosotros,**
> **mantenemos a nuestras personas más cercanas**
> **en la oscuridad y en la duda.**

La realidad es que la mayor parte de la gente vive en una prisión emocional porque no expresa sus verdaderos sentimientos. Literalmente, prefiero vivir en una cárcel siendo auténtico que vivir en el mundo de esta manera. Eso no es vivir, eso es sobrevivir.

La depresión, la ansiedad, el estrés... son señales. Son la forma en que tu cuerpo te dice que algo está mal y que debes cambiar, como esa luz naranja que se enciende en el coche cuando algo no funciona. Tu mente te avisa con esos sentimientos, pero el problema es que la mayoría de las personas no saben que están haciendo algo mal, y mucho menos cómo cambiarlo.

Cuando vives tu verdad, no existe la depresión. Cuando operas desde el amor, no existe la ansiedad. Cuando no tienes miedo, no existe el estrés. Todo se soluciona cuando te alineas con tu mejor versión y operas como Dios te creó: desde el amor, sin miedo, con fe. ¿Recuerdas cómo actuabas cuando eras un niño? Vuelve a eso.

Grábate esta frase a fuego: cuando vives tu verdad, no existe la depresión.

Vivir una mentira es una muerte lenta pero segura. Si te sientes así, tranquilo. Respira. Empieza a eliminar todo aquello que no se alinea con tus deseos. Simplifica tu vida, quédate solo, levántate a las 5:00 AM, ve al gym, trackea tus macros y ponte en la mejor forma física posible. Esto te llevará a conocer quién eres en realidad.

La verdad eleva tu espíritu, libera tu mente de todos los pensamientos intoxicados por la Matrix, abre tu corazón, enciende tu pasión y libera el amor de tu alma. Esto te acercará a Dios y sentirás por primera vez lo que es estar cerca de Él. Y déjame decirte una cosa: he hecho en esta vida todo lo que un ser humano puede soñar, he viajado en jet, me he comprado de todo, pero nada, absolutamente nada, se compara al sentimiento de realización, paz y amor que uno experimenta cuando siente a Dios a su lado. A mí se me eriza la piel cada vez que vivo eso.

Te doy unos ejemplos prácticos. En la vida de pareja, por ejemplo, decir siempre la verdad me ha llevado a una dimensión más elevada. Si no avanzas en una relación, esa relación está condenada al fracaso. Ocurre lo mismo en un negocio, una amistad o una relación familiar.

No decir siempre la verdad siembra las semillas del descontento, lleva al arrepentimiento e incluso puede acabar en ataques de ira. No decir siempre la verdad te paraliza. Eso es el karma, bro. Es así como pagas tu deuda kármica. Dios te paraliza, el tiempo pasa, pero tú no avanzas porque no puedes concentrarte en nada. Es la peor cárcel, porque la gente ni siquiera sabe que está en ella. ¡*Faaak*! Por eso ves tanta gente que nunca avanza en la vida: son personas que pagan una deuda kármica.

Todo esto se puede resolver afrontando al principio una pequeña incomodidad y diciendo la verdad. Cuanto más tiempo tardes, más te va a costar.

SIN CONFIANZA NO PUEDES VIVIR UNA VIDA PLENA

No confiar en nadie es un gran problema. Ocurre cuando empiezas a vivir una realidad negativa que ni siquiera existe. Así nunca construirás una relación que valga la pena. Recuerda: atraes lo que eres.

Para mí, todas las personas que entran en mi vida empiezan con un 100% de mi confianza depositada en ellas. Sus acciones determinan si ese porcentaje baja o no. La vida te pone a prueba para hacerte aprender una lección, todo lo contrario, a la universidad, donde te imparten una lección y después te ponen a prueba con un test.

> **Si te acercas a otras personas sin confiar, nunca crearás conexiones profundas. Y eso, al final, es lo único que importa en esta vida.**

Mucha gente deja de confiar después de haber recibido una puñalada por la espalda. Error. No dejes que alguien que no vibra a una frecuencia emocional alta destruya tu futuro.

Todos los humanos nacemos amando. Es el entorno el que nos enseña a odiar. Es tan simple como centrarse en uno mismo: cuando tu mundo interior está bien, tu mundo exterior también lo estará.

Máquina, no permitas nunca que la traición de una persona elimine la posibilidad de crear grandes relaciones con otras.

SI NO VIVES LA VIDA QUE QUIERO, ¡NO TE ESCUCHO!

Sí, tengo la boca enorme, puedo soltarte cualquier cosa que me dé la gana y me quedo tan ancho, ¿sabes por qué? Porque respaldo cada palabra con mis acciones. Porque no fallo ni un puto día.

Respaldo cada palabra con mis resultados. ¡No tengo ni un vicio, cabrón! Ni uno, ¡Nunca! No bebo alcohol, no me drogo, no salgo de fiesta. Soy un servidor. No tengo puntos débiles.

> No escondo nada. Ya he compartido con el mundo toda la mierda de mi vida, de frente, porque soy un hombre con cojones, ¡no un papanatas!

Y, sinceramente, es gracioso ver cómo intentan desmontarme los perdedores. *Bro*, ¿qué te hace pensar que puedes desmontar a un hombre alineado que dice la verdad? Es imposible. Lo único que haces es darme más energía y atención. Es decir, me ayudas.

Sí, he sido adicto a la cocaína.
Sí, he abusado de anabolizantes.
Sí, he sido un egoísta.
Sí, le he dicho a mi mujer que quiero hacer el delicioso con otras.
Sí, he sido pobre.
Sí, he perdido.
Sí, he fregado platos.

Pero máquina, ¿sabes qué nunca hice? Permanecer mediocre.

Tus palabras dicen lo que quieres ser, pero tus acciones muestran quién eres en realidad, cabrón.

SI NO RECIBES *HATE*, NO ESTÁS GANANDO

¿Alguna vez te has preguntado por qué la gente exitosa recibe tanto odio? Voy a hablarte del principal freno de mano de la población que, a su vez, es el arma secreta de los verdaderos ganadores: el *hate*.

El problema, hermano, es que te han enseñado que el *hate* es malo. Que cuando alguien te lleva la contraria es porque has hecho algo mal y que debes volver a comportarte como todos para que nadie te critique.

Bueno, ¿y si te dijera que es precisamente al revés?

> **Si nadie te critica, significa que eres igual que todos. Y si eres igual que todos, adivina dónde vas a acabar: en el mismo sitio que todos, ¡*faaak*!**

Si te critican empleados con panza, con vicios, sin visión de futuro, gente que no da el 100% en la vida... ¡Esa es la señal de que estás actuando como un ganador! ¡Un ganador nunca va a criticar a alguien que está ganando!

Solamente debes hacer caso a la opinión de aquella persona en la que te gustaría convertirte. Todo lo demás, *mutéalo*.

Yo hice esto, literal. Durante toda mi vida, mi padre ha sido mi héroe. Y cuando me quise dedicar al fitness, me dijo que nunca viviría de ello. Como él no era la persona en que yo quería convertirme en ese momento, no le escuché. Esto no significa que le faltase al respeto; simplemente, no compartía su opinión y decidí tomar mi propio camino.

La gente piensa que no tener la misma opinión que otra persona es faltarle al respeto, cuando en realidad, la verdadera falta de respeto se demuestra cuando no se respeta una opinión diferente y fuera de lo común.

> El *hate* es la señal de que estás siendo auténtico y contando tu verdad por primera vez en tu vida. Debes hablar y compartir solamente desde tu verdad, solamente desde tus propias experiencias.

No cuentes la verdad de otra persona que no eres tú, porque eso sí que es un problema.

Te pongo un ejemplo: si levantarte a las 5:00 AM, no salir de fiesta, no beber alcohol y contar tus macros te ha cambiado la vida, ¡cuéntalo! Todos los que se ofenden es porque no hacen eso, y ese ya no es tu problema.

Empieza a abrazar el *hate* y úsalo como combustible para tu éxito, porque cuando dejas de preocuparte por lo que piensan los demás y empiezas a vivir desde tu verdad, empiezas a caminar hacia tu propósito.

No intentes agradar a todos. Sé auténtico, cuenta tu verdad y entiende que, cuando recibas críticas externas, estás ganando. Si dudas, piensa en la persona más perseguida de la historia, en la que más *hate* recibió, la persona que acabaron crucificando. Me refiero al único, al inigualable, al rey de reyes, al único camino a Dios, a aquel que me salvó la vida en repetidas ocasiones: Jesús de Nazaret.

LA VIDA ES UN TEST DE GRATITUD QUE SE REINICIA CADA DÍA

La clave para vivir una gran vida es pasar cada día ese test de gratitud. Tenemos que ser agradecidos con lo que tenemos. Pero ojo, ¡ser agradecido no es solo decir "gracias"! Ser agradecido es tomar acción masiva, es progresar.

¿Quieres saber cómo mantenerte agradecido? Recuerda cada día tus peores momentos. Yo lo hago constantemente, y te voy a contar por qué.

Como ya he dicho anteriormente, en 2015 tenía solamente 50 $ en el banco. En aquella situación, tuve que pedir dinero prestado a mi padre por primera y última vez. Le pedí 500 € para pagar el alquiler de mi habitación, y todo por haber tomado decisiones de mierda. Me había gastado todo mi dinero en competir en *Men's Physique*, reventando mi salud y mi mente, abusando de anabolizantes, provocando con todo ello un trastorno mental llamado vigorexia.

Hoy, veo a mileuristas diciendo que vengo de papis ricos porque participaba en carreras de motos. *Faaak*, ¡si supieran! Mi padre se dejó todos sus ahorros, hipotecó la casa y pidió varios préstamos para que yo pudiera seguir compitiendo. Todo esto lo llevó a la bancarrota años antes de que yo me fuera a Australia sin nada. Cuando le pedí los 500 €, tuvo que pedir un préstamo porque no tenía ese dinero. Yo no supe esto hasta hace pocos años. Por aquel entonces, yo únicamente sabía que estaba solo, en la otra punta del mundo, sin dinero para pagar mi habitación.

Mirando atrás con el nivel de conciencia que tengo ahora, entiendo que todo es siempre perfecto. Incluso los eventos que parecen ir en tu contra y querer destruirte. De hecho, estos son los más perfectos, pues son los que construyen carácter.

Dios les da sus batallas más difíciles a sus mejores guerreros.

Hasta hace poco no quise admitirme a mí mismo que durante un tiempo sufrí una terrible adicción a la cocaína. El entorno de mierda que tenía me hacía ver que era normal consumirla, porque todos a mi alrededor lo hacían. ¡Gente que no vale para absolutamente nada!

No te confundas: que una persona tenga dinero no significa que sea una buena influencia para ti.

Fliparías con cuánta gente rica tiene una adicción a la cocaína porque escapan de su vida vacía de mierda.

Yo ya he aceptado la muerte. He estado tan cerca de ella varias veces que no le tengo miedo, entiendo que es algo natural. Cuando entiendas que todos vamos a morir y que el mañana no está asegurado, perderás el miedo y empezarás a vivir CON AGRADECIMIENTO cada segundo que te queda de vida en esta tierra.

Y por eso, yo ahora…

… le doy las gracias a mis peores momentos.

… le doy las gracias a mis horas más bajas con la coca.

… le doy las gracias a mi padre, a mi madre, a mi mujer.

… le doy las gracias a Wes Watson por abrirme los ojos y haberme llevado a dejar las drogas por completo.

Y tú, ¿estás siendo agradecido por lo que tienes hoy? ¿Estás recordando tus peores momentos para valorar dónde estás ahora? Porque máquina, te digo una cosa: cuando empiezas a vivir con gratitud, tu vida cambia de una manera que no tiene ni puto sentido.

CÓMO VES EL MUNDO ES UNA CONFESIÓN DE TU CARÁCTER

En este mundo existen dos tipos de personas: las que reflejan y las que proyectan. Una persona que ve todo de forma negativa y no tiene fe está reflejando quién es al mundo. Y eso es justo lo que va a atraer a su vida: gente negativa.

Luego están las personas que proyectan. Como yo.

Como yo proyecto fe y un futuro lleno de posibilidades, atraigo a mi vida personas que comparten esa misma energía. Así de simple.

Ojo con las personas que no se fían de nadie y piensan que todos van con malas intenciones. Son las más peligrosas, nunca te fíes de ellas. ¿Sabes por qué? Porque están mostrando lo que ellos mismos son.

Aquellos que creen que todo el que tiene dinero es un vendehumos, un estafador, un niño de papá o que ha tenido suerte... ese es el tipo de personas que no quieres en tu vida. ¿Por qué piensan así? Porque ellos mismos son así. Llevan mintiéndose toda la vida, no se fían ni de ellos mismos y por eso no confían en nadie.

Cómo ves el mundo es una confesión de tu carácter.

¿Quieres atraer a personas de valor, leales y en quienes puedas confiar? Pues adivina qué... tienes que ser ese tipo de persona desde lo más profundo de ti mismo. ¡Es simple, hermano! Si no confías en nadie, es porque tú no eres de fiar. Si solamente atraes negatividad y vicios, es porque tú eres así.

Tu mundo es un reflejo de ti. Si tú estás bien, tu mundo estará bien. Si no lo estás, tu mundo será una mierda.

Ir de víctima y culpar a los demás es el mindset de los perdedores.

NINGÚN DÍA DE DESCANSO

> **Deja de pensar que tu vida es dura. De hecho, lo más probable es que tu vida sea tan fácil que te esté destruyendo.**

Ser mediocre suele ser un reflejo de lo que eres, de tus creencias limitantes y de tu negatividad.

Cuando ganas en la vida, cuando cumples los sueños que tenías desde pequeño, cuando cambias tu entorno y eliminas tus creencias limitantes, te conviertes en un proyector. Proyectas quién eres en los demás. Para mí nunca ha existido la opción de perder o abandonar, y eso es exactamente lo que proyecto en los demás.

El idioma universal es la energía. La energía que transmitimos y recibimos. Yo nunca transmito mala energía a nadie y, si no me gusta la vibra de alguien, elimino a esa persona de mi vida. Con el tiempo y la experiencia acabas llegando a la conclusión de que no merece la pena malgastar tiempo o energía en alguien que solamente te transmite negatividad.

¿Quieres saber el secreto del éxito? No hay días de descanso. Cada día es una oportunidad para proyectar lo mejor de ti, para eliminar esas creencias que te limitan, para rodearte de energía positiva.

LA ADICCIÓN A LA COCAÍNA CASI ACABA CON MI MATRIMONIO Y CON MI VIDA

Si estás leyendo esto y consumes alcohol, drogas o fumas, tengo que decirte algo: tienes una adicción. No me importa si es una vez al año o cada día: es una adicción en menor o mayor grado. En tus momentos bajos, recurres a esa mierda para escapar de tu realidad.

Yo desarrollé un vacío personal y existencial al perseguir el dinero y dejar de lado a mi gente. No me daba cuenta en aquellos momentos, pero llenaba inconscientemente ese agujero con cocaína y mujeres. Además, el dinero no hace más que acelerar tus vicios.

El gran susto me llegó una noche en la que pensé que me moría. Mi mujer estaba con su familia y yo salí con un amigo. Acabamos pasando toda la noche en un stripclub, metiéndonos cocaína. A las 9:00 AM, mientras conducía mi coche, sentí que estaba sufriendo una sobredosis...

El miedo me invadió por completo. Miedo a dejar a mi mujer viuda por gilipollas. Miedo al daño irreparable que le causaría a mi familia. Me aterrorizaba la idea de que alguien pudiera enterarse de lo ocurrido.

> **La culpa y la vergüenza son las frecuencias emocionales más bajas en las que puede vibrar un ser humano. Si te avergüenzas de contar algo a los demás, ya sea un asunto de drogas, anabolizantes o pajas, nunca podrás ser feliz.**

Poco después de aquel incidente fue cuando apareció Wes Watson en mi feed de Instagram. Llámalo casualidad, o Dios mostrándome el camino hacia mi mejor versión. Este tío era como yo: coach y en forma, pero con muchos más Lambos que yo, con mansiones en ambas costas de USA y generando millones de dólares... Pero entonces vino la bomba, lo que más me chocó: su posición súper estricta con respecto a la fiesta, el alcohol y a las drogas. Cero. Nada de nada.

Desarrollé de forma inmediata un sentimiento de admiración hacia él y no dudé en escogerle como coach. Quería acercarme a él lo máximo posible. Solamente necesité una primera llamada con él y ¡boom!

Me soltó: "Llados, tío, lo estás haciendo todo genial. No tengo nada que corregirte en ningún área, pero eso sí, debes dejar por completo las drogas y la fiesta, y empezar a levantarte antes que el sol. Entonces, tu crecimiento será imparable e irás como un puto misil."

¡Dicho y hecho! Siempre le estaré agradecido a Wes. No soy como esos *fakin* desagradecidos que nunca reconocen a quienes les ayudan. Eso es de egoístas de mierda y miserables.

Dejar las drogas y la fiesta por completo no solo salvó mi matrimonio y mi vida. Me transformó en un hombre alineado, un hombre que se acerca conscientemente a Dios.

Pasé de "disfrutar" de la fiesta a disfrutar leyendo. ¡Un hombre fuerte, joder!

¿Quieres saber por qué te cuento esto? Porque salvar vidas me llena de felicidad. ¡Eso no tiene precio, máquina! No hay dinero que compre la sensación de saber que tus acciones y mensajes han salvado a otras personas.

Con el tiempo, he entendido que el deber de un buen coach es prevenir en otras personas el dolor que él mismo ha experimentado. Por eso nunca dejaré de compartir mi vida con el mundo. No las victorias, sino mis derrotas y mi pasado más oscuro: las drogas, la fiesta y la obsesión por el dinero.

Enfrenta tus demonios y conviértete en la mejor versión de ti mismo. Deja ya las putas drogas, deja de escapar del mundo yendo de fiesta en fiesta y no te abandones consumiendo alcohol, tabaco, cocaína o lo que sea. Sal de la Matrix y vive la vida real. Porque créeme, cabrón: la vida real es dura, pero cada segundo en ella es un jodido regalo y el único camino hacia ti mismo.

LOS PROBLEMAS FORJAN A LOS GANADORES: DEJA DE HUIR DE ELLOS

Nunca volveré a cometer el error de tratar de explicarme ante alguien empeñado en malinterpretarme. Todo lo que tienes que hacer con este tipo de personas es desearles crecimiento, darles el espacio que necesitan y mandarles amor. Nunca respondas a una persona que vibra en una frecuencia emocional baja con el mismo *hate* que te lanza.

He alcanzado un punto en mi vida en el que muy pocas cosas externas pueden arruinarme el día. Ahora bien, si tu pareja está teniendo un mal día, es muy probable que tú también lo tengas. Por eso, es muy importante desarrollar la AMP, Actitud Mental Positiva. Esto es real, hermano. He leído varios libros sobre el tema y puedes llegar al punto de controlar cómo piensas. Serás capaz de transformar cualquier evento externo negativo en algo positivo. Es brutal cómo puedes desarrollarte personalmente hasta lograr un punto en el que nadie ni nada puede impedir que tengas un gran día.

Antes, cuando veía un problema, pensaba: "*Faaak*, ahora que todo iba genial me sale esta mierda." Ahora veo cada problema como una bendición, como el siguiente nivel que el universo me envía para ponerme a prueba.

> **Cuando llevas mucho tiempo sin problemas y no dejas de intentar crecer y mejorar, te va a llegar un desafío, y no suele ser pequeño.**

Te comparto un ejemplo real: tenía una casa en alquiler a corto plazo que me generaba un cashflow brutal, ¡entre 8 y 10K al mes! Después de más de un año generando dinero, salió una ley en la ciudad que me impedía seguir alquilándola para estancias cortas. En consecuencia, dejé de alquilarla porque no quiero problemas.

> **La lección que aprendí es la siguiente: no puedes prestar atención a demasiadas cosas.**

Al quitar esa casa de la ecuación, me centré en lo ÚNICO que tengo ahora: *Llados University*. El resultado ha sido un crecimiento insano. Gracias a todos los desafíos a los que me he tenido que enfrentar en mi vida y que he superado con éxito, he creado la primera universidad de la Historia que se centra en el SER. Esto es radicalmente opuesto al foco que las universidades tradicionales tienen en el TENER, donde la idea se basa en tener un título que supuestamente te dará acceso a un empleo. Algo que todos sabemos que no es cierto.

En *Llados University*, aprenderás a superar los desafíos y recibirás entrenamiento para tomar acción siempre que sea necesario. El objetivo de la educación verdadera no es el conocimiento teórico, sino la acción. El conocimiento sin acción es confusión, pero el conocimiento aplicado mediante la acción es sabiduría.

Crea siempre inercia y avanza con tus acciones. No te preocupes por lo que hacen los demás ni por eventos externos que no puedes controlar.

Aunque alguien te lance negatividad, si tus acciones y energía son positivas y tienen buena intención, esa persona, en su subconsciente, se sentirá bien contigo. Puede que simplemente su nivel de conciencia no sea todavía lo suficientemente elevado para procesar tu mensaje. Tranquilo, algún día lo será.

La única forma de asegurarte de que la vida siga bendiciéndote es cultivando posibilidades y emitiendo una gran energía al mundo.

Hermano, recuerda que tus problemas son los que te forjan. Muchos papanatas con panza y vicios se quejan constantemente de sus problemas y tienen mentalidad de víctima. Cabrón, ¡tu verdadero problema es pensar que algún día no tendrás problemas! ¡Tu problema es querer generar dinero hasta que llegue el día en que puedas apoyar tus pies sobre la mesa y no hacer nada mientras te intoxicas con alcohol en una playa paradisíaca!

Yo soy tu recordatorio diario de que todo en esta vida es temporal.

¡Todo es alquilado! Tu cuerpo, tu mente, tu cuenta bancaria, tus relaciones... ¡El día en que dejas de trabajar en algo, todo se desvanece! ¡No existe nada pasivo! ¡Detesto esa palabra! Yo necesito esta mierda, necesito trabajar, si no tomo acción masiva cada día me aburro... y si me aburro empiezo a desear, y cuando me dejo llevar por los deseos, acabo sucumbiendo a los vicios. Necesito tomar acción masiva diariamente para sentirme agradecido. ¡Recuerda que la vida no es más que un test de gratitud!

> **Cada vez que me surge un problema, ¡lo veo como mi next level! ¡El momento para elevarme al siguiente nivel!**

Así pues, deja de huir de los problemas y empieza a verlos como oportunidades de crecimiento. Y es que los problemas son los que forjan a los ganadores. No la cagues escapando de ellos. Enfréntate a ellos, supéralos y conviértete en la persona que admiras y respetas.

LOS *LIKES* TE ESTÁN DESTRUYENDO

Solo cuando empecé a pasar de los *likes* y *views* en las redes sociales fue cuando de verdad crecí internamente, y esto desembocó en un crecimiento masivo externo.

La realidad es que el 99% de las personas que crean contenido en redes sociales tratan únicamente de agradar a los demás o entretenerlos. Yo no creo contenido, yo documento mi día. Muy diferente, máquina.

> **Yo no busco gustar o agradar a las personas. Yo busco ser respetado, y la única manera de conseguirlo es compartir la verdad y ayudar a los demás.**

Existe una gran confusión, y es que casi todo el mundo relaciona los *likes* y las *views* con el éxito. Éxito financiero, éxito social, éxito vital. No tiene nada que ver, cabrón.

La realidad es que este tipo de gente no sabe ni quién es. Son personas que basan y adaptan su contenido con el objetivo de agradar a los demás, en lugar de compartir lo que a ellos mismos les hace felices, y eso les impide comprender quiénes son. ¿Cómo vas a saber quién eres o qué te gusta si cambias tu contenido constantemente en función de los demás?

Mi contenido se centra en mi propio desarrollo personal, no es mierda creada para agradar y entretener. De esa basura, por desgracia, ya existe demasiado.

> **Basar tu contenido en *likes* y *views* es lo más patético que existe. Es una forma de decirle a las personas con un nivel de conciencia elevado que no tienes confianza en ti mismo ni personalidad.**

Deja de ser esclavo de los *likes*. Tu valor no está en los números de una puta app, ¡*faaak*! Está en el impacto real que provocas en la vida de los demás. Deja de buscar validación externa y empieza a construir algo que realmente importe.

LA ACUMULACIÓN DE DINERO SIN UN PROPÓSITO DEFINIDO DESEMBOCA EN AUTODESTRUCCIÓN INTERNA

No puedo decírtelo más claro: sin confianza y sin amor propio nunca ganarás en este juego llamado vida.

Ser abundante no es tener dinero. La abundancia es una característica del Ser que proviene de caminar alineado con Dios, al igual que el amor, la FE y la paz. Ser abundante es lo que atrae dinero hacia ti. No eres abundante porque tienes dinero, ya que existen muchas personas que tienen dinero y no son abundantes y siguen viviendo con miedo por mucho dinero que tengan. Recuerda que quien tiene miedo no es abundante, por lo que una persona que conduce un Lamborghini y tiene miedo a hablar su verdad no es abundante.

Así pues, tener éxito y ser abundante no tiene nada que ver con el tener dinero. De hecho, tener solamente dinero es lo contrario a ser exitoso. Si te centras en ti, el dinero vendrá como consecuencia. Pero si te centras en el dinero, aunque acabe llegando, te destruirá por dentro.

> **No existen días de descanso cuando recorres el camino que te lleva a ser la persona que admiras y respetas.**

La confianza, el amor y la fe crecen apilando pequeñas victorias día a día: levantarte a las 5:00 AM, ir al gym, clavar tus macros, no recurrir a vicios, decir que no al dinero cuando el fin no es ayudar a otros sino tu beneficio a costa de ellos, leer, escribir, no fallar.

> **Grábate esto a fuego: tu nivel de éxito nunca sobrepasará tu nivel de desarrollo personal.**

¿Cómo he aprendido todo esto? Ahí estaba yo, sentado en un semáforo en Las Vegas, en mi Lamborghini, esperando a que se pusiera en verde mientras me replanteaba mi vida entera.

Necesitaba entender el "porqué." Llamé a mi padre y le dije: "Papá, tengo que contarte algo que me pasa y no entiendo qué es." Sin pensarlo, me respondió: "Hijo, no hace falta que me lo digas, ya lo veo en tus stories. Llevas tiempo que no eres tú... estás intentando vender."

Me había convertido en alguien que perseguía el dinero cada día. Ya no era el niño que empezó a grabarse y subir vídeos a YouTube porque le apasionaba el fitness y quería aportar valor a otros. Ese sueño ya lo había cumplido años atrás, pero ahí estaba yo, vacío, persiguiendo más y más dinero.

> **Es mejor ser aquel hombre que no tiene nada y no necesita nada, que el que lo tiene todo y necesita más.**

Mi padre me dijo: "Hijo, simplemente sé tú mismo, pues eso es lo que te ha traído hasta aquí." Siempre estaré eternamente agradecido a mi padre por aquella lección. Es increíble cómo un consejo puede cambiarte la vida si lo recibes en el momento adecuado.

¡Es una locura cómo cambié mi mindset en un clic! Fue entonces cuando fui consciente de haber estado viviendo cada día mirando de forma obsesiva cuánto dinero generaba. Cada cinco minutos abría mi plataforma de pagos para ver si había vendido algo. Si vendía, estaba contento; si no vendía, me jodía el día. Estaba basando mi felicidad en el dinero y eso es muy peligroso. De hecho, es lo peor que puedes hacer en esta vida.

Desde ese momento, cambié totalmente mi forma de operar y de comportarme. ¡Volví a ser ese niño feliz que ponía el móvil delante de su cara y grababa una *story* diciendo lo que le salía de los *fakin* cojones! Pasé de mirar cada 5 minutos lo que ganaba a no comprobarlo en semanas.

Por fin me había dado cuenta de que el dinero me había consumido, que me había transformado en un egoísta. Había automatizado mi negocio al máximo, siguiendo los consejos equivocados de las personas inadecuadas.

Hermano, no me arrepiento de nada porque me ha traído hasta aquí, pero cometí el error de contratar a todo un equipo y un potente software automatizado para atender a mis clientes. Aquellos mismos clientes que me habían dado la vida que tenía, aquellos cuya confianza me costó años ganar, fueron puestos por mí en manos de otras personas y de un maldito software.

> **Si quieres automatizar tu negocio y que genere dinero sin estar tú al frente, déjame decirte una cosa: estás en el negocio equivocado porque solamente estás ahí por dinero. Acabarás tan vacío como acabé yo.**

Acabé comprendiendo que la felicidad que yo sentía antes se basaba en las relaciones que mantenía con mis clientes. Esas relaciones eran el único motivo por el que empecé en redes sociales: para conectar con otras personas apasionadas por el fitness y que desean superarse una y otra vez.

> **El mundo gira en torno a las relaciones que mantenemos con otras personas. Cuando las eliminas y te quedas solo con el dinero, acabas sintiéndote vacío y miserable.**

Así pues, y tal y como he hecho en muchas otras ocasiones a lo largo de mi vida, decidí, de la noche a la mañana, ¡mandar a tomar por saco a todo el *fakin* equipo! ¡¡¡A la mierda, bro!!!

Volví a atender a todos mis clientes yo mismo, ¡volví a llenar mi día de alegría! Esto es para lo que yo he nacido, ¡esto es para lo que todos hemos nacido! Para ser la persona que admiramos y respetamos cada día y crear relaciones con otros seres humanos. Ayudándoles, no pidiéndoles.

Cuanto antes ganes conciencia de esto, antes empezarás a vivir.

PILAR III

DINERO

EL ARREPENTIMIENTO ES TU GUÍA

> **No soy mejor que tú por ser más rico que tú. Soy más rico porque soy mejor que tú.**

El valor de una persona no se mide por las cosas materiales, sino por el impacto que es capaz de generar en otras personas.

La mayoría no lo entiende. Se obsesionan con adquirir objetos, cuando de lo que se trata es de convertirte en la persona capaz de lograr lo que deseas. Las personas de éxito comparten una serie de principios: constancia, dedicación y fortaleza. Máquina, esto no es casualidad.

El gym es mucho más que un simple entrenamiento para mí. El gym me salvó la vida. Para casi todos empieza por la apariencia, pero quienes no cambian su enfoque acaban abandonando o cayendo en un agujero oscuro de inseguridades y obsesión por el tamaño de sus músculos. Se llama vigorexia, un trastorno mental que yo mismo padecí. Uno da prioridad absoluta al gym y a su físico por encima de todo lo demás.

La realidad es que, mientras sufrí vigorexia, fui un puto egoísta. Solo me importaba mi físico y alimentar mi ego. Usaba las redes sociales buscando validación por mi apariencia y acabé en un lugar muy oscuro: sin dinero, abusando de anabolizantes para competir en *Men's Physique* y deprimido.

Thalia, mi mujer, me hizo cambiar de perspectiva. Empecé a ir al gym para entrenar mi mente, no mis músculos. Y fue en ese momento cuando mi vida comenzó a despegar.

Una de las lecciones más grandes de mi vida es: "El arrepentimiento es tu guía."

Hermano, si has hecho algo y te arrepientes, esa es tu voz interna diciéndote cómo puedes vivir tu mejor vida. Es tu conciencia guiándote, y no puedes engañarla. Es el universo intentando alinear tus acciones con tus deseos.

La mayoría de la gente no sabe cuál es su propósito. ¿Por qué? Porque nunca escuchan esa guía interna y se siguen arrepintiendo de las mismas acciones una y otra vez. Si sales de fiesta, bebes, y al día siguiente te arrepientes, pero sigues haciéndolo… nunca tendrás claridad mental ni verás tu camino en la vida, tu propósito.

La disciplina es el verdadero requisito para alcanzar el éxito.

La incomodidad se ha convertido en mi zona de confort, porque progresar es mi mayor deseo CADA DÍA.

Y aquí viene la bomba: **para mejorar no tenemos que añadir, sino restar**. Así que ya sabes: elimina todo aquello que te frena para vivir tu mejor vida: entornos tóxicos, creencias limitantes, miedos, sistemas que no funcionan, malos hábitos…

EL DINERO QUE GENERAS ES UNA CONSECUENCIA DE QUIÉN ERES

La única diferencia entre los pobres, la clase media y la clase alta no es el dinero, como todos creen. Es el pensamiento. El dinero no es el origen, sino una consecuencia de quién eres. Recuerda que los pobres y los ricos tienen algo en común: ambos fueron creados por Dios.

La clase media sigue creyendo que en la educación tradicional se encuentra la respuesta para generar dinero. Siempre buscan grados, títulos y certificaciones avanzadas con la esperanza de que les traigan lo que quieren: dinero. Pero vamos a ser realistas por un momento: ¿cuántos de sus profesores generan el dinero que ellos aspiran a ganar? Ninguno. Y pese a ello, la gente los escucha. Faaaak, ¡así de profundo es el agujero de mentiras en el que están atrapados!

Así pues, los plebeyos se pasan años trabajando con todas esas certificaciones y, al final, se llevan una gran decepción. Han pasado diez años desde que se titularon y siguen generando una mierda, siguen deprimidos, siguen atrapados en un empleo que detestan, soñando con el viernes y maldiciendo el lunes. ¿Por qué ocurre esto? Grábate las siguientes frases a fuego:

> **La clase media está atrapada en el modelo de intercambiar tiempo por dinero, mientras que la clase alta intercambia ideas que solucionan problemas por dinero. La clase alta sabe que el dinero fluye de las ideas, no del tiempo.**

Y ahora viene algo que te va a volar la cabeza. La clase media, frustrada por no poder generar más dinero, suele menospreciar a la clase alta. La critican, la juzgan, porque no entienden su juego. Y lo más irónico es que la respuesta a cómo generar más dinero siempre ha estado frente a ellos: ideas. Pero el EGO les nubla. El ego les hace creer que ya lo saben todo, y ahí es donde pierden. Las siglas EGO, en inglés, significan "Edging God Out", que significa "sacar a Dios de la ecuación." Como podrás imaginar, esto siempre te llevará a la destrucción.

> **Los pobres hablan del pasado y lo remueven una y otra vez, la clase media habla de otras personas y la clase alta habla de ideas.**

El dinero es solo una consecuencia directa de la capacidad de pensar de una persona. Así de simple. Cuanto mejor piensas, cuantos más problemas resuelves, más dinero atraes. No es magia, no es suerte. Es causa y efecto. Dicho de otro modo:

> **El dinero que generas es una consecuencia de quién eres.**

Cuando comprendas esto, máquina, empezarás a enfocarte en mejorarte a ti mismo. Esa es la única manera de atraer más dinero. Cualquier otro camino, cualquier método que implique perseguirlo, te llevará al mismo lugar: fracaso, frustración y vacío. Porque perseguir el dinero nunca funciona. Pero CREAR el tipo de persona que lo atrae… esa siempre será la respuesta que te llevará a lograr resultados masivos.

VALIDARTE CON LO MATERIAL TE QUITARÁ TU PAZ

El sistema me enseñó que debía validarme a través de lo material, que tenía que perseguir el dinero como si fuera lo único importante en la vida. Y, como un gilipollas, me lo creí.

Dediqué toda mi vida, hasta los 22 años, a estudiar duro en el colegio, en el instituto y en la universidad. ¿Y para qué? Para darme cuenta en el último año de carrera, después de hacer unas prácticas, de que no iba camino de vivir la vida de mis sueños. Estaba trabajando en algo que no me gustaba y decidí que había llegado el momento de abandonar un sistema que no funcionaba.

Así que lo mandé todo a tomar por culo y me centré en mi pasión. Logré generar dinero con mi negocio online, conducir un Lambo, estar con la mujer que siempre soñé, los viajes, la casa de mis sueños... Pero ¿sabes qué? Conducía mi Lambo y me sentía vacío. ¡No era feliz, *faaak*!

Había creado una falsa validación basándome en lo material, y esto desembocó en una espiral hacia abajo que me sumergió de nuevo en mis peores vicios: alcohol, drogas, mujeres y fiesta. Todo esto me llevó a un aprendizaje importante:

> **NADIE gana nunca cuando se valida únicamente con el dinero.**

Sí, todos queremos dinero, pero no lo puedes poner por delante de tu carácter, de tus hábitos, de tu salud.

> **Yo aprendí a validarme con quién soy, no con lo que tengo. Por eso siempre el fitness va antes que el business.**

No se trata de músculos, sino de principios básicos de respeto y amor propio. Si tú mismo no te respetas y no te amas, no puedes vivir en paz. Por mucho dinero que tengas

LA VERDADERA LIBERTAD

¿Sabes qué ve la gente cuando me mira? Un millonario tatuado y flipado que insulta a gordos y pobres. Pero hermano, te voy a decir qué veo yo.

Veo a un hombre que ataca tan duro que ofende a los que aceptan ser mediocres. Porque una vida normal es el puto castigo de los mediocres. Veo a un hombre que se respeta, que se ama y no falla. Un hombre sin vicios, que no bebe, no se droga y no sale de fiesta.

Veo a alguien que se levanta a las 4:30 AM, sin fallo, para desarrollarse personalmente. Alguien que vive para servir a otros que sufren como él sufrió una vez. Un hombre con resultados tangibles que inspira y da fe a millones. Alguien que no acepta nada menos que la mejor versión de su círculo.

Veo a un hombre con claridad mental, cuyas acciones están alineadas con su conciencia y con su propósito. Un hombre que no tiene miedo a la crítica, alguien que el mundo necesitaba para que tuviese lugar un cambio de conciencia colectivo. Un hombre que solamente dice la verdad, por mucho que duela a los que viven una mentira. ¡Recuerda que el amor es la verdad, cabrón!

En definitiva, veo a un seguidor de Jesús que hace todo lo que debe hacer para acercarse a Dios y que deja de hacer todo lo que le aleja de Él.

Cuanto antes despiertes de la Matrix, antes empezarás a sentirte bien y feliz. Las personas con una baja conciencia ven a un millonario y piensan que es libre. ¡Es como *faaak*! ¡El dinero no tiene nada que ver con la libertad!

> **El sistema te ha vendido que la libertad es financiera. ¡Mentira! La verdadera libertad es espiritual.**

Bro, cuando yo vivía con 50 $ en mi cuenta y fregando platos, era más libre que cuando generaba más de 50K al mes. La gente no entiende qué significa ser libre. Creen que uno está atrapado cuando está en la cárcel. Sin embargo, hay personas libres en el interior de una celda y otras atrapadas en el mundo exterior.

Repito: la libertad no es financiera. Conozco a millonarios atrapados por el dinero, poseídos por sus pertenencias materiales, y he conocido a pobres libres. Solamente has de viajar a Tailandia y verás lo feliz que es la gente sin apenas nada material. Luego fíjate en USA, repleta de millonarios con sobrepeso y vicios, amargados porque no tienen el último Rolls Royce o la mansión más cara.

> **Pasarse el juego de la vida no es necesitar a alguien o algo material.**

Puedes tener todos los millones del mundo, pero si necesitas a una persona para vivir, sigues estando preso en esa relación. Cuando tienes a Dios cerca, no necesitas nada ni a nadie. Como he dicho antes, la verdadera libertad es espiritual.

Lo único que necesito para ser libre es mi proceso diario. Nadie me lo puede quitar, solo Dios, cuando decida que es hora de liberarme de este cuerpo. Cuando vea que mi trabajo aquí está terminado, le daré la bienvenida a la muerte con los brazos abiertos.

Yo puedo ver quién es libre y quién está atrapado con tan solo mirar su cuerpo. Si tiene panza, ya sé que el foco de esa persona es el dinero y que está encadenada por las tentaciones mundanas. Cuando ves a alguien destruyendo el templo del Espíritu Santo, su cuerpo, ya te lo dice todo.

Así que te pregunto, ¿eres realmente libre o solo crees serlo? Porque la verdadera libertad, máquina, está en tu mente y en tu espíritu. No en tu cuenta bancaria.

LA VERDADERA RIQUEZA ESTÁ EN VIVIR, NO EN TENER

Te voy a contar algo muy loco. Hace poco le solté una pregunta a mi mujer: "¿Hay algo en el mundo que quieras tener o hacer que el dinero pueda comprar y no hayas hecho?" Y ella, tan tranquila, me suelta: "Bueno, solo quiero viajar más." ¡*Faaak*!

Flipo con que estemos en la misma situación. Hermano, hace solo siete años ella y yo éramos unos donnadies. Yo en un hostal de mierda, con un scooter de 300 pavos, y ella recogiéndome en su Honda Accord sin airbag. Yo iba tan justo de dinero que no podía ni tan siquiera invitarla a cenar fuera. Cuando por fin lo logré, la invité a una hamburguesería y casi me da algo al pagar los 55 $ que me costó aquello. Por aquel entonces, ¡con ese dinero comía durante toda una semana!

Mi primer scooter, comprado por 300 $ en Australia en 2015.

Y ahora... ahora acabo de comprarme, literal, el coche de mis sueños. Mi coche favorito del mundo entero, y por el que he pagado casi un millón de dólares. ¡Un *fakin* millón! ¿Hay coches más caros? Por supuesto. ¿Y podría permitírmelos? Por supuesto. Pero este es el que me gusta, punto. Es mi favorito por su estética y por su sonido. Además, si lo pones al lado de un coche de 2 o 3 millones de dólares, es el que se lleva toda la atención y todas las miradas.

(Cuando escribí el párrafo anterior me acababa de comprar mi Lamborghini Aventador SVJ Roadster, uno de los solo 800 que hay en todo el mundo. Tres meses después, compré mi Bugatti Chiron de fibra de carbono expuesto, 1 de los únicos 500 que hay en el mundo).

A lo que quiero llegar es a que me encuentro en la misma situación que Thalia. No existe nada que desee que no tenga ya. Vivo en una mansión de 20 millones de dólares en una de las mejores islas de Miami, algo que, hace pocos años y como friegaplatos, supera el mejor de mis sueños. Vuelo en jet privado, he perdido la cuenta de los supercoches que he comprado, llevo en mi muñeca un Richard Mille de 220K y colecciono muchos otros de mis relojes soñados...

Mi colección de 13 supercoches. He llegado a comprar más de 25: Pagani, Bugatti, Lambos, Ferraris, McLaren, Porsche...

> **No es el coche, ni la mansión de 20 millones, ni el jet privado, ni el Richard Mille de 220.000 $ lo que me hace feliz. ¿Sabes qué me hace feliz? Vivir, ¡*faaak*! VIVIR.**

Y mientras tanto, veo a la gente tan perdida, planeando su vida para cuando tengan 65 años, ahorrando e invirtiendo con miedo cada céntimo en cosas que solo los llevarán a ser presos del sistema, en aquellas que el sistema les ha vendido como buenas, como el tener una casa, en lugar de invertir en sí mismas... Me dan pena. Están tan obsesionados con tener dinero, y tan aterrados por el miedo a no tenerlo, que se olvidan de vivir.

Yo no le temo a la falta de dinero, le temo a no vivir. Yo he estado en la *fakin* calle dos veces, he sobrevivido a base de latas de atún y era el chaval más agradecido del planeta. ¿Sabes por qué? Porque entendí que soy libre cuando lo tengo todo, pero no necesito nada. Y mi mujer siente exactamente lo mismo.

> **Ahora tengo todo lo que el dinero puede comprar, pero ¿sabes qué necesito de verdad? Mi proceso diario y mis mentorías en *Llados University*. Tengo 3 mentorías en vivo a la semana.**

1. **La mentoría de los sábados** en el campus de *Llados University*, donde enseño todo lo que sé. En mis mentorías ayudo a que otros puedan crear la persona que admiran y respetan, mostrándoles cómo escapar de un sistema que les quiere mantener como empleados y esclavos a cambio de un salario de miseria. Les enseño a encontrar su propósito en la vida, la razón por la cual fueron creados por Dios.
2. **La mentoría de los viernes en el Club Jefazos.** Aquí me reúno virtualmente con mis mejores alumnos de *Llados University*. Además, nos reunimos presencialmente cada tres meses

en algunas de las ciudades más importantes del mundo: Madrid, Miami, Medellín, etc.

3. **La mentoría de los domingos Sala VIP.** Esta sala es para las personas más avanzadas, para aquellas que ya cuentan con un negocio y que necesitan trabajar uno a uno conmigo para avanzar más rápido.

En el evento de Club Jefazos en Miami. No hay nada que me motive y emocione más que reunirme con mis mejores alumnos.

En todas mis salas me centro en el desarrollo personal, en ayudarte a ser tu mejor versión física, mental y espiritualmente. ¿Por qué? Porque sin eso, jamás serás el puto amo en nada.

Así que te pregunto, ¿a qué cojones estás esperando para vivir tu mejor vida, una vida con propósito? ¿Para materializar tus sueños? ¿Para dejar de obsesionarte con el dinero y empezar a vivir ahora?

No esperes a tener 65 tacos y un pastizal en el banco para empezar a vivir: esa es la mentalidad que te enseña el sistema y que solo lleva a la destrucción y la escasez. ¡Empieza ya, *faaak*! Porque cuando tienes todo lo que el dinero puede comprar, te das cuenta de que lo realmente valioso no tiene precio y está a tu alcance ahora.

DOMINA LA ENERGÍA DEL DINERO

El dinero es una energía. Si no lo sueltas, te vas a consumir y te vas a quedar sin nada.

> **¿Sabes por qué los pobres se hacen más pobres y los ricos más ricos? Porque los ricos entienden que, cuando les viene el dinero, tienen que soltarlo para que vuelva más. Es simple: el dinero ha de fluir, no estancarse.**

Mira a tu alrededor. Ves a esos mileuristas con panza aferrándose a cada céntimo, cada centavo, como si fuera el último. Pues adivina qué: así seguirán toda su puta vida. En cambio, los que la revientan entienden que el dinero es un ciclo. Entra, sale y vuelve multiplicado. Pero en cuanto tú rompes esa cadena, en cuanto operas desde el miedo, la energía deja de fluir.

> **Fue cuando empecé a invertir en mí, a gastar en conocimiento, en mi negocio, cuando todo cambió.**

Daba miedo soltar la pasta, pero era la única manera de crecer. Ahora, cuando gano, invierto. Cuando facturo, reinvierto. No me quedo sentado sobre mi dinero, lo pongo a trabajar para mí. Y te digo más: para poder generar dinero de verdad, tienes que eliminar el miedo. El miedo te paraliza, te hace pequeño, te mantiene en tu triste y patética zona de confort.

Así que deja de operar desde el miedo, cabrón. Empieza a ver el dinero como lo que es: una energía que necesita movimiento. ¿Quieres más dinero? Suelta el que tienes. Invierte en ti, en tu educación, en tu negocio. Rodéate de gente que esté en el nivel al que quieres llegar. No me vengas con excusas de "no tengo dinero para invertir." Si tienes dinero para vicios como el alcohol, las drogas o las fiestas, tienes dinero para invertir en ti mismo.

El universo recompensa a los valientes, a los que toman acción. Si no haces que el dinero circule, te quedarás exactamente donde estás. Así que, máquina, la próxima vez que te llegue dinero, pregúntate: ¿Voy a dejarlo estancado o voy a hacer que fluya para poder crecer?

POR QUÉ VENDÍ MI PRIMER LAMBORGHINI... Y CÓMO ME HIZO MÁS FUERTE

Te voy a contar una historia que te va a volar la cabeza. Es una de las mayores lecciones de vida que he aprendido, así que presta atención.

> **Dos años después de comprar mi primer Lamborghini, un Huracán que compré por 215K en cash, decidí venderlo...**

Era, literal, el coche que siempre había soñado: un Lambo verde espectacular. Pero un día, me llama mi amigo Rawad y me dice: "*Bro*, deberías vender tu Huracán. Ahora es el momento de sacarle pasta pese a que le has metido 15.000 millas, o 24.000 km, en solo dos años: una locura para un supercoche."

Cualquier persona sin apego emocional lo vendería sin pensarlo, ¿verdad? Aprovecharía la oportunidad y los beneficios, incluso aunque terminase comprando otro coche del mismo modelo. Pues yo decidí probar. Rawad me dijo que en menos de un mes lo tendría vendido por 230K. ¿Y sabes qué? En cuestión de una semana y media apareció un chaval de 20 años dispuesto a pagar en cash.

Y ahí es cuando me quedé congelado. No quería venderlo. ¡*Faaak*! Me di cuenta de que ese Lambo me hacía débil... Había creado un vínculo emocional con algo material. En ese momento no me daba cuenta de lo mucho más fuerte que me haría al venderlo, pero logré tomar la decisión de venderlo por mucho que me doliese.

Me dolía vender ese coche, ya que siempre había sido mi sueño. Además, agrégale que, de cara al mundo externo, la gente iba a pensar que las cosas me iban mal porque había vendido mi Lamborghini, cuando en realidad era un paso hacia delante.

A la semana de haberlo vendido, te puedo asegurar que me sentía mucho más fuerte. ¡Ya no necesitaba ese coche! Tu mentalidad cambia radicalmente cuando dejas de necesitar algo externo o validación externa.

> **Lo que aprendí es brutal: si sientes que dependes emocionalmente de algo material, ¡debes deshacerte de eso inmediatamente para hacerte más fuerte!**

Más adelante, si lo hubiese querido, podría haber vuelto a comprar ese coche, pero ahora lo veo de una manera totalmente distinta, como lo que es: algo material. Yo tengo los supercoches, la mansión, los jets... ¡pero lo más brutal es que no necesito nada de eso!

Tenerlo todo, pero no necesitarlo: esa es la verdadera libertad.

OJO A QUIEN ESCUCHAS

Ten mucho cuidado con quién escuchas cuando se trata de invertir tu dinero y tu tiempo.

> **Cuando aprendas de alguien, fíjate dónde está esa persona, pero más importante aún, ¡cuánto tiempo le ha costado llegar ahí!**

Yo he pasado de vivir en un hostal de 30 $ la noche a una mansión de 20 millones de dólares en 8 años. De tener 50 $ en mi cuenta a generar casi 1 millón al mes de cash flow… ¡en solo 8 *fakin* años!

Y todo está documentado. *Bro,* si no está documentado, no hay prueba. En mi caso, puedes ir a YouTube y buscar "llados hostal", y verás mis vídeos de 2015 y 2016, cuando vivía en el hostal y conducía un scooter de 300 pavos.

Pero luego vas y escuchas el consejo de un "millonario de papel" que no genera ni 500K al mes de cash flow… Peor aún, no tiene nada documentado y tú, sin embargo, tomas la palabra de alguien que ni respeta su propia palabra… ¡porque tiene panza y vicios!

> **¿Y luego te preguntas por qué te estafan? ¿Por qué no avanzas en la vida? A lo mejor, solo a lo mejor, sea porque estás escuchando a las personas equivocadas…**

El problema reside en que el 99% de las personas que te dan consejos sobre cómo invertir tu dinero tienen miedo y persiguen el dinero. Si tienen panza, puedes estar seguro de que persiguen el dinero… y, en ese caso, se trata de personas que no cuidan su salud y probablemente tampoco sus relaciones. Atraes lo que eres, y como lo único que les queda a ellos es el dinero, eso es lo único que ven.

Por supuesto, olvídate de la espiritualidad: son personas completamente perdidas. Es imposible estar conectado con tu espíritu si estás destrozando cada día tu cuerpo, que es el templo del Espíritu Santo.

Todos los consejos sobre inversiones que puedan darte estas personas se basan en el miedo, no en vivir. Una persona que invierte con miedo no está siguiendo la voluntad de Dios, sino la suya propia: ¡cuidado con estas personas!

A mí me gusta llegar siempre al fondo de por qué hacemos lo que hacemos en nuestra vida. ¿Cuál es el objetivo de invertir? Respuesta rápida: ganar dinero. OK, máquina, ¿y para qué queremos más dinero? Para vivir experiencias. ¡Simple!

> **Entonces, ¿por qué no te saltas todo el proceso de inversión y vives directamente experiencias con el dinero que tienes? Eso se llama invertir en uno mismo. Si te hace sentir mejor, ¡eso es lo que debes hacer!**

Recuerda: no solo debes crear permanentemente, no solo debes experimentar, sino que debes compartir con los demás. Aquí es donde entra la marca personal.

> **Documenta y comparte toda tu vida para que otras personas puedan disfrutar de tus experiencias a través de ti.**

Todos los papanatas que andan dando consejos de cómo invertir en estupideces externas nunca invierten en los activos más importantes: uno mismo, su negocio y sus relaciones.

Máquina, yo me hice millonario del siguiente modo: invertí todo el tiempo libre que me quedaba después del trabajo en mí, en lograr mi mejor físico y eliminar mis vicios. Lo documenté todo y, por lo tanto, había pruebas que demostraban mi evolución, por lo que cada vez más personas venían a mí para que les ayudara a hacer lo mismo. ¡Así de simple!

Después de generar millones como *coach online fitness*, no paraban de preguntarme qué debían hacer para ser coaches ellos también. Así pues, les enseñé a hacerlo y fundé *Llados University*, donde unifiqué todo: ¡Crear el individuo que admiras y respetas para después dárselo al mundo! Esto, máquina, es el mejor negocio que existe. ¡Es el negocio de Dios! ¡Cambiar vidas!

Así que ya sabes, invierte todo tu tiempo en ti y en los demás. ¡Documéntalo todo! E invierte todo tu dinero en ti. Fórmate con la persona que vive la vida que tú quieres. ¡Invierte en cumplir tus sueños y muéstraselos a todos para generar fe!

> **Nada en esta vida te va a dar un mayor retorno que acercarte lo más que puedas a la persona que vive la vida que tú quieres vivir.**

¿Cómo sé esto? ¡Porque yo lo he hecho! Lo he vivido con mis coaches. He perdido más de 100K con criptos además de ganar más de 100K con criptos. He comprado dos casas. He sido estafado por "invertir" en cosas que te daban dinero fácil... y que al final no eran más que un fraude. Nada te va a dar el retorno que te da invertir en ti.

Todos estos consejos anticuados de invertir se basan en el sueño de tener algún día suficiente dinero para no tener que trabajar más. ¿Y sabes qué? Eso supone básicamente cavar tu propia tumba. ¡El día en que dejes de trabajar empezarás a morir!

> **Déjate la piel trabajando en lo que te apasiona y ahí empezarás a vivir. Nunca vas a querer dejar de vivir. Y sigue invirtiendo en ti una y otra vez.**

EL DINERO ES LA CONSECUENCIA, NO EL OBJETIVO

Más vale adquirir sabiduría que oro. Más vale adquirir inteligencia que plata.

Siempre menciono esta regla para identificar si estás operando por dinero o desde la pasión y el amor. Si te dejaran de pagar por lo que haces, ¿seguirías haciéndolo? ¿Cambiaría en algo tu día a día? ¿Seguirías trabajando en lo mismo? ¡Piénsalo bien, cabrón!

Sé lo que es vivir en la pobreza y lo que es vivir en la abundancia. Gracias a Dios, he experimentado ambas. He aprendido a vivir en todas y cada una de las circunstancias, desde pasar hambre hasta quedar completamente saciado, desde sufrir escasez hasta tener de sobra.

¿Y sabes qué? Esta es una de las principales razones por las que opero sin miedo.

Uno de los mayores miedos es el miedo a la pobreza, pero cuando ya has estado ahí, no te asusta.

Mira, *bro*, el dinero es una consecuencia, no un objetivo. Si te enfocas *solo* en el dinero, acabarás vacío. Pero si te enfocas en aportar valor, en crecer, en ser mejor cada día y, sobre todo, en hacer algo que te apasiona, el dinero vendrá solo.

¡PROPÓSITO ANTES QUE PLACER! ¡AMOR Y RESPETO PROPIOS ANTES QUE NADA!

Debes recordar algo muy simple, pero masivo: todo en la vida es una elección.

Si no estás orgulloso de dónde estás, si no estás orgulloso de tu comportamiento, te aseguro que tu mujer tampoco lo está, tus hijos tampoco lo están, tu familia tampoco lo está. Nadie te lo dice porque, al igual que tú, tienen miedo de decir la verdad.

Pero hermano, no tienes por qué seguir operando de una manera que te haga sentir arrepentimiento o vergüenza. Recuerda: tú eres el primero que debe amarse, el único al que debes impresionar.

> **Lo único que importa es lo que tú piensas de ti mismo. Eso es lo que dictará cómo el mundo te ve. El mundo no es como es; el mundo es como tú eres.**

El error más grande que veo hoy en día es ofrecer un servicio sin sentirte orgulloso de ello. Ofrecer algo que tú mismo no comprarías. Ofrecer algo que no has probado ni siquiera para solucionar tus propios problemas.

Bro, no puedes ofrecer nada al mundo cuando ni siquiera te escuchas a ti mismo. Tienes panza, malos hábitos, la cuenta de banco vacía… pero pretendes que alguien te compre. ¡Es como faaaak!

Antes de intentar solucionar los problemas de otros, primero debes solucionar los tuyos. Tratar de ofrecer tu coaching, tu servicio o lo que sea, sin haber puesto el trabajo necesario, es una falta de respeto. Tener la cara dura de ofrecer algo que tú mismo sabes que no ha solucionado nada solo crea una carga de karma enorme. ¿Y sabes qué pasa? Te sentirás culpable. Y esa culpa te comerá por dentro.

> **Es una falta de respeto intentar venderte ahí fuera cuando ni siquiera has invertido en ti mismo. Es equivalente a intentar vender una caja vacía. No inviertes dinero en ti, pero pretendes que los demás sí lo hagan. Hermano, ¡esa es la incongruencia más grande que existe!**

Los veo constantemente: coaches que nunca han vaciado su cuenta de banco para invertir en ellos mismos, pero ahí están, ofreciendo su coaching al mundo y esperando que la gente haga lo que ellos nunca han hecho.

Yo he vaciado mi cuenta de banco varias veces invirtiendo en mí mismo.

> **Recuerda: cuando inviertes en una formación o en un mentor con muchos casos probados de éxito además del suyo propio, no inviertes en él, sino en ti mismo. La verdadera inversión está en tener los huevos de hacer lo que esa persona te diga, porque su sabiduría ya ha sido probada.**

Sales de fiesta cuando sabes que no debes. Te drogas cuando sabes que no debes. Faltas al respeto cuando sabes que no debes. No inviertes ni 1.000 euros en ti mismo, pero esperas que los demás sí lo hagan. Haces el mínimo esfuerzo, pero esperas resultados masivos. Te comes ese *fakin* croissant cuando sabes que no debes. Tío, ¡venga ya!

Ni siquiera sabes conectar los puntos. Recurres al placer inmediato, y por eso estás atrapado.

> **Si hay algo que quieres en esta vida y no lo estás obteniendo, es porque cada día estás eligiendo placer sobre propósito. ¿Por qué? ¡Porque eres un *fakin* blando!**

Por eso *Llados University* es de gran ayuda. Porque ahí, aprendes a trabajar en ti, a estructurar tu día de forma que alineas tus pensamientos, acciones y palabras con tu propósito y deseos vitales. Porque ahí aprendes a sacar placer de no caer en esos placeres inmediatos. Nos hacemos más fuertes cada día.

En *Llados University*, aprendes a encarnar tu enseñanza, esa que a mí me cambió la vida. Por eso los mentores que salen de mi universidad no son simples coaches, sino auténticos líderes que cambian la dirección de la vida de sus alumnos.

Mis alumnos llegan a las almas de los demás, ¿sabes por qué? ¡Por que encarnan su enseñanza cada día! ¡Porque saben quiénes son! ¡Porque tienen un propósito! ¡Porque tienen buena intención! ¡Porque operan desde el amor! ¡Porque no anteponen el dinero a sus principios! ¡Porque nunca fallan! ¡Porque no tienen vicios!

> **En un mundo lleno de blandos, es súper fácil destacar y reventarlo. Tan solo necesitas cambiar tu entorno de mierda y rodearte de gladiadores como los que hay en *Llados University*.**

Sabemos lo que tenemos que hacer cada día: ¡hacer que nuestra gente se sienta orgullosa!

OJO CON LOS VENDEHUMOS

Existen dos tipos de personas: las que persiguen y las que atraen.

> **Los líderes atraen; los vendehumos persiguen.**

Un líder se centra en sí mismo, no se compara con nadie ni se distrae con nada. Baja la cabeza, tiene visión de túnel y, para él, solamente existe una cosa, una misión: su desarrollo personal. Un líder acaba siendo tan jodidamente bueno en todo que llama la atención allí por donde pasa.

Un líder entra en cualquier sala y destaca. Su presencia se siente, su energía se siente, su falta de miedo se siente, su mirada atraviesa hasta el alma. Un líder es indiscutible. ¡Un líder se forja con sufrimiento! Los líderes saben esto, y por eso se infligen dolor ellos mismos si no viene de forma natural.

Y luego, máquina, luego están los *fakin* papanatas inútiles vende-humos con panza, el verdadero problema de esta sociedad. El típico que te envía un DM diciendo lo de siempre, "Te voy a ayudar a hacer un lanzamiento que te generará tanto dinero, le he hecho miles a fulanito, esto será masivo, bla bla bla…" Son solo palabras, pero cuando miras bien, lo único que ves es una panza, una vida normal y un 3 de novia.

> **Bro**, yo jamás voy a escuchar a nadie que no sea mejor que yo, y te aseguro algo: NUNCA verás a alguien mejor que tú venir a ti.

Es al revés: eres tú quien debe acudir a él.

LAS CASUALIDADES NO EXISTEN, LA SUERTE ES DIOS

El trabajo no es un castigo, sino una bendición. Una de las grandes mentiras que te han metido en la cabeza es que el trabajo es un castigo. ¡*Faaak*, nada más lejos de la realidad!

Si no estás trabajando o ayudando a otras personas, ¿sabes qué viene? El aburrimiento. Y con el aburrimiento vienen los deseos, con los deseos vienen los vicios, y los vicios destruyen tus hábitos. Y tus hábitos, máquina, son los que construyen tu carácter. El carácter es lo que decide tu destino, pues es el que te permitirá crear la vida de tus sueños… o te hará tener la vida de un plebeyo mileurista más.

> Hay una diferencia brutal entre tener dinero y que te posea, a tener dinero y no necesitarlo. El dinero es el mejor esclavo, pero el peor dueño.

Te lo digo yo: las etapas de mi vida en las que me centré en el dinero siempre fueron aquellas en las que me sentí incompleto. Solo cuando te centras en el proceso es cuando te sientes completo.

> **La persona que se valida con el proceso necesario para obtener el resultado, en vez de con el resultado en sí, es una persona que no se puede parar.**

Existe una diferencia masiva entre hacer algo con intención de beneficio propio a hacerlo con intención de beneficiar a otra persona. Trabajar de manera altruista siempre te traerá paz interior y felicidad.

Nada, y repito, NADA, te dará más placer que el ver que otras personas se sienten agradecidas contigo. Además, nada te traerá más abundancia. ¿Por qué? Porque Dios decide y Él siempre premia a los que ayudan sin expectativas. Porque ayudar esperando algo a cambio no es ayudar, cabrón.

Es increíble cómo vender algo material con lo que te has estado validando te hace sentir libre y te hace ganar confianza en ti mismo. Pero siempre debes ser honesto contigo mismo y valorar si te estás validando exclusivamente con cosas externas en vez de con quién eres.

Y tú, ¿te levantas cada día para ir a trabajar por obligación o porque quieres? ¿Estás ayudando a otros esperando algo a cambio o de corazón? ¿Te defines por lo que tienes o por quién eres?

Recuerda: las casualidades no existen. La suerte es Dios, y Dios premia a los que trabajan duro y ayudan sin esperar nada a cambio.

DORMIR ES DE POBRES

Típica pregunta que me hacen siempre los mileuristas: "¿Cuántas horas duermes?"

Bro, ¿de verdad crees que vas a tener mis grandes resultados durmiendo las mismas horas que yo? Pues ya te digo que tu panza duerme más. ¡Dormir es de pobres!

Duermes demasiado, comes demasiado, hablas demasiado, pones demasiadas excusas... y encima esperas grandes resultados con el mínimo esfuerzo. ¡Duerme menos y trabaja más, cabrón!

Un rasgo que tienen todas las personas de éxito es que hacen mucho y creen que hacen poco. En cambio, las panzas mileuristas con la cuenta de banco vacía no hacen nada y creen que lo merecen todo. ¡Vaya *fakin* chiste!

Otro rasgo de los que lo revientan en la vida es que piensan que son los putos amos. Yo soy el mejor, ¡y eso es indiscutible! Si tú no piensas que eres el mejor, está claro que no pones el trabajo que debes cada día.

Recuerda esto: el trabajo construye hábitos y rompe carácter, no los *fakin* donuts y los croissants.

Máquina, no puedes ni controlar lo que te metes en la boca. Ni siquiera eres capaz de levantar tu panza a las 5:00 AM todos los días… y eso son las cosas básicas. Pero ahí estás, pidiéndole al universo Lambos y mujeronas.

EL MIEDO TE MANTIENE POBRE

El miedo, hermano. Eso es lo que te tiene atrapado. Lo ves en cada decisión que tomas, en cada excusa que te cuentas. ¡Tienes miedo a todo! Miedo a grabar un vídeo porque no sabes ni qué personaje inventarte, miedo a ser tú mismo. ¿Te das cuenta?

Tienes tanto miedo de decir la verdad que tienes en tu conciencia, esa verdad que llevas dentro, pero que prefieres esconder bajo mentiras porque no quieres afrontar la realidad.

> **Adaptas lo que dices según el entorno en el que estés, y ¿sabes qué significa eso? Que eres débil. Sí, débil. Porque ser fuerte es tener los cojones de ser auténtico, pase lo que pase.**

Y el miedo no se queda ahí. También tienes miedo a usar tu dinero. Nunca apuestas por ti porque, en realidad, no confías en ti mismo. Sabes que, si apuestas por ti vas a fallarte, y por eso siempre escoges lo más barato. Así que, en lugar de invertir en ti, desperdicias tu dinero en vicios y placeres momentáneos para escapar de la realidad en la que vives.

Es un puto chiste. El 99% de los mileuristas con panza nunca han invertido ni 100 euros en ellos mismos. Ese es el valor que se atribuyen: nada.

> **Cuando inviertes en una formación o en un coach, no estás invirtiendo en otros, estás invirtiendo en ti mismo.**

Tienes tanto miedo que no vives, sino que apenas sobrevives en un mundo lleno de culpa, vergüenza y crítica.

Yo, en cambio, prefiero morir con honor, como un hombre que toma riesgos cada día, que fracasa, se levanta y vuelve a intentarlo. Prefiero eso a ser un blando que no se atreve a fracasar por miedo a lo que puedan decir los demás. Si no te atreves a fracasar, ¿qué coño estás haciendo en este mundo?

> **Nunca olvides esto: el mundo siempre te recordará por tu última carrera.**

¡Yo nunca dejé de apostarlo todo por mí! Y mira dónde estoy. La realidad es que hoy en día la gente lo tiene más fácil que nunca porque hay personas dispuestas a guiarles, pero no ven la oportunidad.

¿Por qué? Porque no quieren enfrentarse a sí mismos, no quieren apostar por ellos ni quieren poner el trabajo necesario para cambiar.

Es hora de cambiar eso.

> **Ponte las pilas y empieza a elegir el camino difícil cada día. Toma riesgos, porque ese es el camino que recorren los líderes que cambian el mundo.**

LOS COMIENZOS SIEMPRE SON SUPERFICIALES Y EGOÍSTAS

No te engañes: todos empezamos a desear el dinero de una manera egoísta y por un motivo superficial. Todo en esta vida evoluciona mientras buscas, incluso tu propósito.

Créeme, todo empieza por el dinero. Y esto es así hasta que consigues todo lo que te has propuesto y te compras todo aquello que siempre soñaste. Y entonces, un día te encuentras conduciendo tu Lamborghini Huracán de camino al gimnasio y te das cuenta de que estás vacío, de que no eres feliz…

¿Y sabes qué? Ahora veo un Huracán como el Lamborghini de los pobres. Así de rápido puede cambiar tu perspectiva.

Todos nos sentimos de una manera u otra basándonos en nuestra realidad diaria. Yo, por ejemplo, he llegado a generar 1.100.000 dólares en un mes. ¿Te parece una locura? Pues espera, máquina, porque esto es solo el principio.

¿Cómo puedo estar tan seguro de que voy a seguir creciendo? Simple:

> **Tu nivel de éxito nunca superará tu nivel de desarrollo personal.**

Y cada día, mi único foco es desarrollarme personalmente y después servir al mundo. Así que aquí van unos consejos que valen oro: encarna tus enseñanzas, lidera con el ejemplo cada día y documenta tu vida a diario en YouTube e Instagram.

> **El verdadero valor de un hombre es la influencia que tiene sobre los pensamientos y acciones de los demás a través de sus propias acciones.**

Dejar de ser superficial, egoísta, y de ir únicamente en busca del dinero. Evoluciona y encuentra tu verdadero propósito. Cuando empiezas a servir a los demás, cuando te enfocas en crecer como persona, es cuando realmente empiezas a vivir.

SIEMPRE DEBES SER EL POBRE DE TU CÍRCULO

Si quieres crecer en la vida, tu círculo más cercano debe estar por encima de ti. Por lo tanto, debes exponerte a personas que están en un nivel superior al tuyo. Esto se llama *ley de exposición*, y una vez que la experimentas, no hay vuelta atrás. Es la ley que te hace comprender que todo es posible.

Pero ojo, para acceder a un círculo superior, vas a tener que invertir dinero.

> **Esta es la gran diferencia entre pobres y ricos: los primeros usan su dinero como premio, los segundos como una herramienta para crecer.**

Si no progresas en la vida, es porque tu EGO no te permite ser un eterno alumno.

Y ten cuidado con quién te juntas. Que alguien tenga dinero no significa que sea una buena influencia. Debes rodearte de personas que operan desde el amor y quieren ayudar a otras personas, que viven de manera altruista. A la larga, esto es lo que mejor te va a hacer sentir y lo que mejores resultados te va a traer. Ganar una relación de verdad es algo que no tiene precio.

> **Ahora estoy en la mejor posición de mi vida porque me he desapegado de lo material. Aunque tenga muchas cosas, no las necesito ni quiero más.**

Mi foco está en la expresión de la verdad, en la búsqueda de Dios, en el cumplimiento del ser y en tener una experiencia espiritual. Debes desarrollar mucho tu nivel de conciencia para entender esto. Cuando lo comprendas, ¡serás libre de verdad! Porque la libertad no es económica, sino espiritual. Es esa paz interior que logras cuando estás cerca de Dios.

> **Nuestras almas son eternas y debemos amar el proceso de crecimiento espiritual. Debemos SER, no HACER.**

Todos quieren saber qué tienen que hacer para comprarse un Lamborghini Aventador SVJ Roadster de 1 millón de dólares. La realidad, hermano, es que esto no va de qué tienes que hacer, sino de quién tienes que ser. Debes ser durante años el hombre capaz de atraer ese coche. Todo en esta vida se atrae a través de la energía. Yo atraje un SVJ y mi SVJ me atrajo a mí.

Cuando comprendas esto, podrás vivir en *flow state*. Los pensamientos son sentimientos disfrazados, no son reales. Tu verdad proviene de tu alma y se expresa en forma de sentimientos.

El mundo no es como es, sino como tú eres. La suerte es Dios dando a las personas lo que son. No existen casualidades.

Mientras que antes mi atención se centraba en mi cuerpo, ahora me intereso por mi alma. Todo ha cambiado, mi propósito de vida ha cambiado y también la vida misma.

Dicho esto, te pregunto: ¿estás listo para ser el pobre de tu círculo y crecer? ¿Para desapegarte de lo material y buscar la verdadera libertad espiritual? Porque si lo haces, empezarás a jugar en otra liga.

PERSEGUIR EL DINERO SIN UN PROPÓSITO DEFINIDO ES LA MEJOR MANERA DE AUTODESTRUIRTE

Durante buena parte de mi vida me validaba con lo material, con lo exterior. Pensaba que no obtendría ningún resultado tangible leyendo, mirando en mi interior, enfocándome en lo espiritual.

Creo que todos pasamos por esta fase, pero lo triste es que la mayoría se queda atrapada en esa mierda y no la supera nunca.

¿Y sabes qué pasa cuando te quedas atrapado buscando validación material? Que empiezas a buscar atajos, formas rápidas para sentirte bien. Ahí es donde entran los vicios y las adicciones. Buscas llenar ese vacío con lo que sea.

Una adicción es lo peor que te puede pasar, hermano. Te destruye a ti y a tu entorno, arrastra a todos hacia abajo.

¿Mi punto de inflexión? Estar a punto de morir por sobredosis. *Faaak*, ¡algo así te abre los ojos de golpe!

Hay algo que quizá no entiendas, y es la importancia de acercarse a la persona que está donde quieres llegar en la vida. Las palabras de esa persona son las únicas que van a funcionar para ti.

Siempre debes trabajar por adquirir aquello que admiras.

Yo siempre he admirado a un hombre mazado, todo tatuado, con una mujer que está que se rompe y que fuese millonario. Ese era mi objetivo.

He observado siempre a las personas de éxito y lo que más impresiona es un hombre o una mujer que nunca falla. Ni un solo día. No existe nada en este mundo que te vaya a traer un retorno más grande que no fallar ni un día y documentar tu proceso para que el mundo lo vea. ¡Ganarás la confianza y el respeto de todos!

Si haces eso, vas a crecer y toda tu gente va a crecer contigo porque tu crecimiento impulsará el de los demás.

Así que piénsalo bien: ¿Estás persiguiendo el dinero sin un propósito definido? ¿O estás trabajando en convertirte en la persona que admiras? Recuerda: el camino hacia el éxito real comienza cuando dejas de perseguir el dinero y empiezas a perseguir tu mejor versión. Y eso, máquina, es lo que marca la diferencia entre pasarse o no este juego llamado vida.

LA GRAN DIFERENCIA ENTRE EMPLEADOS Y EMPRENDEDORES

Máquina, ¿te has parado a pensar en la diferencia brutal entre los empleados y los emprendedores?

Los empleados operan desde el MIEDO. Los emprendedores, desde el AMOR.

> **La educación tradicional es una puta fábrica de empleados. Todo está basado en el MIEDO.**

El primer gran miedo que te meten es que necesitas un título para tener un empleo. Todo el sistema se basa en una puntuación del 0 al 10 en cada examen. Todos tienen MIEDO de suspender y la puntuación se basa en quién es el mejor MEMORIZANDO. Y la vida no funciona así: las cosas se aprenden tomando acción y haciéndolas de forma repetida hasta que salgan de manera natural. Cuando llegas a ese momento, no tienes miedo.

Cuando memorizas algo, tienes miedo a olvidarlo. De hecho, unas semanas después del examen ya no te acuerdas de nada. Eso te hace pensar que no sabes nada, lo que te da más MIEDO. Es insano, bro. La educación tradicional es insana. Cuando la terminas y sales al mundo real, solo estás preparado para ser un esclavo asalariado. Porque créeme: ¡saberte el nombre de los ríos de España solo te servirá para ser buen *fakin* pescador de truchas!

En mi universidad, las cosas son diferentes:

- No doy puntuaciones.
- No obligo a memorizar nada.
- No doy títulos.
- El entorno te fuerza a APLICAR lo aprendido porque todos lo hacen.
- La puntuación la dicta quién eres.
- Hay SEÑALES claras de los que aplican lo aprendido.

Los que aplican tienen un gran físico. Los que aplican empiezan a recibir ATENCIÓN. Los que aplican conducen los mejores coches. Los que aplican atraen a mujeres de verdad.

Llados University **está basada en lo que el universo quiere que hagamos: SER NUESTRA MEJOR VERSIÓN para después dársela al mundo de manera desinteresada.**

Como te decía antes, el emprendedor opera desde el AMOR. Por lo general, a un emprendedor lo mueve el amor porque quiere compartir aquello que le ha cambiado la vida. En mi caso, fue el fitness. En el emprendimiento se trata de vivir; como empleado, te limitas a sobrevivir.

Cuando elijas operar desde el AMOR, obtendrás algo más importante que el éxito financiero: experimentarás por primera vez quién eres y quién puedes llegar a ser. Para lograr esto, debes olvidarte de toda la mierda que te han enseñado tus profesores tradicionales en el colegio y la universidad. Tenían buena intención, pero estaban mal informados.

En su lugar, escucha las enseñanzas de aquellos cuya sabiduría proviene de otra fuente, de la única válida: Dios.

Pero máquina, recuerda esto: la mejor guía no es ningún maestro o coach, sino tu voz interior, tu conciencia. Esa es la voz que te dice si todo lo demás es cierto o falso, bueno o malo. Es la voz que te dice si ahora mismo estas palabras que estás leyendo han sido escritas desde el amor o desde el miedo.

Y todo esto, al final, te ayudará a determinar si estas son palabras que debes escuchar o no.

LA VIDA NO ES MÁS QUE UN TEST DE GRATITUD

Hermano, me costó unos 30 años de mi vida darme cuenta de esto: la vida no es más que un test de gratitud.

Tuve que experimentar que nadie creyera en mi visión. Tuve que quedarme en la calle dos veces. Una en Sídney, Australia, donde literal no tenía ni dinero para alquilar una habitación, y otra en Los

Ángeles, USA, donde de un día para otro mi compañera de piso me dejó en la calle y tuve que dormir en el sofá de un amigo durante tres semanas, hasta que encontré una casa.

> **Aprendí que la vida no es ni más ni menos que un test de gratitud que se reinicia cada día. Si no lo llevas a cabo, no puedes ser feliz, tengas lo que tengas.**

He vivido en dos mundos, en el del pobre y en el del multimillonario. Y te voy a decir algo que te va a volar la cabeza: me fue mucho más fácil ser agradecido cuando no tenía nada que ahora que lo tengo todo.

Cuando vivía en Sídney, me alimentaba a base de latas de atún de 60 centavos con arroz blanco. Y quiero compartir contigo uno de esos momentos que dejan huella. Me acuerdo como si fuera ayer: un viernes por la tarde en el que me permití el lujo de comer en un McDonald's. El sabor de aquella hamburguesa, la felicidad y el agradecimiento que sentí en aquellos instantes... es algo que no se puede ni comparar con lo que siento tras haberme comprado un Bugatti Chiron de 3,8 millones de dólares. Esa comida de 15 dólares australianos en Sídney me hizo sentir infinitamente más agradecido que este Bugatti.

> **Has de ser siempre agradecido. Cuanto más dinero acumulas, más difícil es permanecer agradecido, y es que la mayoría de las personas terminan desconectando de su espíritu y siendo desagradecidas.**

En 2014, iba a McDonald's los viernes: era mi manera de celebrar. El resto de la semana vivía a base de atún y arroz, pero esos 10 $ me sabían a gloria. Es difícil de replicar hoy ese nivel de agradecimiento.

El día que compré mi primer hiperauto: el Bugatti Chiron. Un año y tres meses después llegaría el Pagani Huayra.

Por eso te digo, hermano, que las personas ricas necesitan más ayuda que las pobres. ¿Por qué? Porque cuando no tienes nada, es fácil ser agradecido con poco, pero cuando lo tienes todo, mantenerte agradecido es un desafío diario.

Es más: los que más ayuda necesitan son los ricos con vicios. Esos que ni siquiera son conscientes de tener un problema porque creen que están viviendo "la gran vida", esnifando coca en el culo de modelos desde su yate en las Bahamas.

¿Cómo lo sé? ¡Porque he estado ahí, faaak! Y te digo una cosa: cuando estos millonarios se dan cuenta de que están escapando de su vida en lugar de vivirla, suele ser demasiado tarde. Para entonces ya han destruido su matrimonio, la relación con sus hijos, su negocio y su salud.

Yo tuve suerte. Abrí los ojos antes de acabar con todo y le doy las gracias a Dios por eso. Así que grábate la siguiente frase a fuego:

> **Si tienes vicios, no eres agradecido.**
> **Te estás destruyendo.**

¿Quieres saber cómo me mantengo agradecido? Tomando acción masiva, siguiendo una rutina estricta de sacrificio a la que no fallo ni un solo día, sirviendo a los que necesitan mi ayuda. Y si alguna vez me siento desagradecido, solo tengo que recordar cuando no tenía dinero y dormía en una litera de hostal para lograr que mi perspectiva cambie en un segundo.

> **Si no disfrutas del proceso, te sentirás vacío,**
> **aunque llegues al resultado que buscas (algo poco**
> **probable si no lo disfrutas).**

NINGÚN PUTO LAMBO, NINGUNA CANTIDAD DE DINERO, ABSOLUTAMENTE NADA EN ESTA VIDA... se puede acercar a la felicidad y a LO AGRADECIDO que le estoy a Dios por haberme dado una segunda oportunidad y permitirme seguir caminando. La realidad es que no valoramos absolutamente nada lo más valioso que tenemos, ¡y una de esas cosas es poder andar!

Así que hazte un favor: sal ahora mismo a la calle y camina. Siente la bendición de poder andar y respirar. Hay gente que nunca más podrá hacerlo y, sin embargo, ahí estás tú, quejándote de tu vida de mierda porque ganas 2.000 euros al mes en lugar de 50K al mes.

Es hora de despertar y valorar lo que tienes. De pasar tu test de gratitud diario.

DEBES SER LA SOLUCIÓN

Todos tenemos problemas, todos sentimos presión. Algunos corren lejos de los problemas o se rompen bajo la presión. Otros, los verdaderos líderes, enfrentamos la presión de frente y buscamos más y más presión.

> La realidad es esta: solo quienes se vuelven expertos en solucionar sus problemas y manejan niveles cada vez más altos de presión son capaces de trascender y ayudar a otros.

Dime, ¿podrías soportar la presión de gastarte 440K cash en un Lamborghini STO 2023 y 60K en un AP de oro para tu mujer en un mismo día? Eso son 500K saliendo de tu cuenta en menos de 24 horas. Ahora agrégale que, dos semanas después, te gastas 340K en un Rolls Royce Cullinan, también pagado en cash.

> *Bro*, no basta con tener el dinero en tu cuenta: entiende que necesitas el desarrollo personal para soportar la presión de querer gastarlo. Generar el dinero es lo fácil, gastarlo bien es lo difícil. Dios no quiere que acumules dinero, sino que vivas experiencias con él y las compartas con los demás.

Dime, ¿cómo vivirías tú sabiendo que mantener tu mansión en Miami te cuesta 60K al mes? ¿Podrías soportar la presión de saber que debes reunir ese dinero solo para cubrir el pago de una de tus casas?

Máquina, ayer conducía mi Rolls Royce Cullinan recién comprado cuando me paró la policía. ¿El motivo? Cristales tintados demasiado oscuros y no llevar la matrícula puesta. Lo acababa de comprar en otro estado y tenía 30 días para colocar la placa temporal, pero, aun así, el policía decidió que no podía conducirlo. Me obligó a llevarlo en grúa a casa y, entre multas y grúa, tuve que pagar 800 dólares.

Y dirás: bueno, tienes un Rolls Royce, te lo puedes permitir. Es cierto, pero si hubiese conducido un Toyota Prius, la multa habría sido la misma. Si solo hubiese tenido 800 dólares en mi cuenta, la habría tenido que vaciar por completo para pagar esa multa.

> **¿Cómo reaccionarías tú si tuvieras que gastarte todo tu dinero para pagar multas? Ahí es donde el universo te pone a prueba. Y si crees que yo no he superado infinidad de esas pruebas para llegar aquí, vives en el mundo de yupi.**

¿Entiendes por dónde voy? ¿Sabes qué hice cuando llegué a casa después de perder tiempo y dinero? Me reí. Saqué lo positivo de lo negativo y usé esa experiencia para enseñar al mundo una lección que cambia vidas: cómo se puede reaccionar positivamente ante un evento externo negativo.

Al final, esa experiencia terminó siendo una bendición para mi alumno Pastorino. Al día siguiente le robaron la rueda de su coche y supo cómo reaccionar. Pastorino viene de un pasado oscuro, de las drogas y de querer quitarse la vida. Ese evento podría haberlo destruido si hubiera tenido que gastar todo su dinero en solucionarlo. Pero al ver cómo reaccioné yo, pudo salvarse. Esa es la diferencia.

Hermano, lo que das al mundo es lo que recibes. Esto se llama AMP: Actitud Mental Positiva. Sin esta mentalidad y sin la capacidad de aguantar cada vez más presión, nunca crecerás en la vida.

Siempre creí que, cuando tuviera los Lambos, la mansión, el jet, me sentiría completo, me sentiría increíble. Pues déjame decirte algo: he estado en los dos extremos, con 50 dólares en mi cuenta, fregando platos, y ahora en esta situación. Y te aseguro que lo que importa no son las cosas materiales.

Lo que importa es el hombre que construyes en el proceso. Es el desarrollo personal necesario para lograr esas cosas. Es el proceso que nadie quiere hacer. Es todo lo que tienes que dejar por el camino.

Es por este motivo por el que has de buscar que tu camino sea más y más difícil cada día. Para no dejar de superarte. El que yo estuviese al borde de la muerte por sobredosis de cocaína o sufriese un accidente de moto no significa nada si cada día no me esfuerzo más y me mantengo presente para el dolor.

¿Quieres saber cómo resuelves todos los problemas? Aprendiendo a sacar placer de hacer las cosas que son mejores para ti, aunque no te guste hacerlas. Así es como solucionas cualquier problema que el universo te pone enfrente.

¡Nunca caigas víctima de tus excusas ni de tu situación! ¡Nunca pienses que lo tienes más difícil que otros! ¡Cabrón, nadie lo tiene fácil! Deja de justificar tu falta de esfuerzo comparándote con los demás. ¡Puedes elegir ser víctima de tus excusas o ser el campeón que tiene la solución a todos los problemas!

Sin mi proceso diario de sacrificio estaría perdido. Debo enfrentarme al dolor cada día para mantenerme presente. Me asquea la comodidad y, si la siento, me reviento físicamente para recordar instantáneamente cómo se siente sufrir.

Quiero recordarme cuando estaba en la calle. Quiero recordarme cuando solamente tenía 50 dólares. Quiero recordarme cuando casi muero de sobredosis. Quiero recordarme cuando era un cabrón egoísta que se validaba únicamente con lo material. Quiero recordarme cuando no era honesto conmigo mismo. ¡Quiero recordar cada día todo el sufrimiento que ha construido el HOMBRE que soy, el hombre que no puede ser parado por absolutamente *fakin* nada, cabrón!

> **Esa es la única manera de acumular riqueza y mantenerse agradecido. Esa es la manera de construir a un hombre que absolutamente nada puede parar.**

Moriré con dignidad. Cuando Dios decida que es mi momento, ¡me iré por la puerta grande! ¡Dejaré un legado que nunca morirá! Llados ha dejado una huella que nunca se irá de este planeta.

Cada día forjo líderes. Líderes que forjarán más líderes y que, a su vez, forjarán más líderes.

Sin mis hábitos y carácter, estaría perdido. Acumular dinero sin un propósito definido es la manera más rápida de destruirte.

Gracias, Dios, por tirarme tantos problemas encima.
Gracias a aquellos que no creyeron en mí.
Gracias, porque sin eso no sería el hombre que soy hoy.

CÓMO HACERTE MILLONARIO

Máquina, son las 7:45 AM, ya llevo media hora escuchando un audiolibro y acabo de terminar una hora de entrenamiento de pecho en el gimnasio. Estoy sentado en mi scooter, recién salido del gym, vibrando a un nivel de frecuencia que, sinceramente, poca gente puede entender. Me siento en la cima del mundo… ¡y ni siquiera son las ocho de la mañana!

Quiero compartir contigo algo muy importante, porque esta es la razón por la cual nadie tiene la vida que quiere, el cuerpo que quiere o el dinero que quiere.

> **Durante el día, todo es una lucha constante con tu mente: tratas de mantenerte en un nivel de frecuencia elevado, alejarte de los vicios, no caer en distracciones. Tal y como va avanzando el día, tu nivel de frecuencia empieza a bajar. Cada hora que pasa, baja un poco más.**

¿Por qué sucede esto? Porque una persona normal se pasa el día sentada, escribiendo en su despacho, en el colegio o en la universidad, con el culo pegado a la silla. Y a medida que avanza el día, su nivel de frecuencia va bajando más y más, y entonces lo que más quiere hacer es recurrir a sus vicios: videojuegos, alcohol, drogas, sexo, porno… lo que sea. ¿Sabes por qué pasa esto? Porque esas personas están buscando escapar de su realidad, escapar de lo mal que se sienten.

Máquina, es justo lo contrario: tienes que marcarte una visión, debes tener un propósito en la vida.

> **Si no tienes objetivos claros, si no tienes algo por lo que luchar cada día, te vas a perder. Te vas a perder en los vicios. Te vas a perder en la oscuridad del mundo.**

La gente no lo entiende ni lo ve, pero yo no me fío de nadie que no tenga un lado oscuro. Todos tenemos un lado oscuro, todos luchamos contra nuestros demonios.

¿Sabes por qué no me pierdo? Porque tengo hábitos ganadores que me mantienen alineado. Me levanto a la misma hora todos los días, me conecto con mi propósito, me aíslo de todo lo que no me acerca a donde quiero ir.

Esta mañana, como siempre, he seguido mi ritual: me he levantado a las 4:30 AM, he orado dándole gracias a Dios, he hecho una hora de cardio en ayunas, he leído la Biblia, he tomado mi creatina, y pum, directo al gimnasio. Entreno duro, elevo mi frecuencia y empiezo otro día MASIVO.

Mientras la mayoría sigue durmiendo o buscando excusas, yo ya estoy a años luz por delante. Me posiciono en un ambiente determinado, me aíslo de gente que no me acerca adónde quiero ir en la vida. Ahora mismo estoy disfrutando del sol, cierro los ojos. Y te lo digo tal cual: ya sabes que a mí las cosas, cuanto más *raw*, cuanto más originales, mejor. Me gusta decirte lo que hago ahora mismo.

> **Todo el mundo busca un secreto mágico. ¿Qué me va a dar el físico que quiero? ¿Qué me va a generar el dinero que quiero? Pero no hay atajos, no hay pastillas mágicas. Yo llevo trece años yendo al gimnasio. ¿Tú qué crees, que en tres meses vas a conseguir lo que a mí me llevó más de una década? ¡Lo llevas claro, tío!**

Deja de obsesionarte con los resultados, enfócate en el proceso. Y bueno, luego están los perdedores, esos pobres gordos empleados vagos de mierda que no han hecho absolutamente nada, y se atreven a llamar materialistas o egoístas a los que hemos alcanzado el éxito. ¿Cómo tienen tan poca vergüenza?

¿Sabes qué dicen los perdedores? "Llados tuvo éxito de la noche a la mañana." ¿De la noche a la mañana, cabrón? Llevo trece años partiéndome el culo y tú crees que mi éxito es casualidad o suerte. *Bro,* ¿tú crees que he llegado aquí por mi cara bonita, o por mis tatuajes?

¿Tú crees que has de tatuarte para tener éxito? ¿En serio? Si piensas eso, eres tonto, no tienes otro nombre: si no ves la realidad, si no ves la ética de trabajo, la constancia que me ha llevado hasta aquí, ¡no entiendes absolutamente nada!

Hermano, la única razón por la que estoy donde estoy es porque hice durante años lo que muchos no están dispuestos a hacer. Estuve seis años creando contenido, subiendo vídeos a YouTube, a Instagram, dando consejos de fitness mientras tenía dos e incluso tres trabajos para poder sobrevivir. Seis años de constancia hasta que logré vivir de esto, ¡seis años! Dos años después de eso, ya era millonario.

> **Los ganadores saben lo que quieren y dicen: "Voy a hacer esto el tiempo que haga falta y voy a sacrificar lo que haga falta hasta obtener el resultado que busco." Así es como piensan los ganadores, así es como piensa la gente que llega a la cima.**

La realidad es que a mí me pone cachondo hacer todo lo que la gente no quiere hacer. ¿Nadie se quiere levantar a las 5:00 AM o las 6:00 AM? Yo me levanto a las 4:30 AM. ¿Nadie quiere ir al gimnasio a las 7:00 AM? Yo estoy reventándome a las 5:00 AM.

El otro día, un alumno me dijo: "Llados, voy al gimnasio a las 7:00 PM, pero está lleno, ¿qué hago?" Y yo le pregunto: "¿A qué hora te levantas?" Me dice: "A las 9:00 AM." "¿Y a qué hora entras a trabajar?" "A las 10:00 AM." Okay, *bro*, pues te levantas a las 7:00 AM, llegas al gimnasio a las 7:30 AM, cuando no hay nadie, y entrenas antes. ¿Ahora qué? Ahora ya no tiene ninguna excusa. ¿Entiendes?

Así pensamos los ganadores. Buscamos soluciones. Ponemos el esfuerzo. Si no lo estás viendo, estás ciego, te estás engañando para sentirte mejor por no poner el trabajo necesario, y eso es lo que hacen los perdedores.

Nunca he conocido a nadie que haya logrado algo que merece la pena tener, algo MASIVO, sin dejarse la piel trabajando. Si no estás dispuesto a fortalecer tu carácter, a construir hábitos, y a poner el esfuerzo sin descanso, no vas a llegar lejos.

Máquina, lo que yo no entiendo es cómo alguien puede levantarse por la mañana, mirarse al espejo, odiar lo que ve… y no hacer nada. ¿Cómo puede madrugar una persona, mirar su cuenta de banco, sufrir por lo que ve, y aun así no mover ni un dedo para cambiarlo? ¿Cómo se levanta alguien y coge el puto autobús, detestándolo, pero sigue sin hacer nada para salir de esa mierda?

Yo he estado ahí. He estado en el autobús. He estado sin nada. Pero hay algo que nunca hice: quedarme quieto o criticar a alguien que ya tenía lo que yo quería. Nunca me sentí un perdedor porque nunca lo fui.

Cuando estaba fregando platos, no pensaba: "Vaya perdedor que soy." Pensaba: "Allá voy, cabrón; allá voy."

Para mí no existen las vacaciones ni el trabajo, porque vivo una vida de ensueño. Para mí, todos los días son un paraíso. Hablaba antes con mi mujer y le decía: no puedo dejar de trabajar. Me encanta. Amo ayudar a los demás. Amo ayudar a la gente que quiere llegar donde estoy yo en la vida. No hay absolutamente nada que me traiga más placer que ver cómo alguien cambia su vida gracias a mi ayuda.

Por muchos años perseguí el dinero. Como todo el mundo. Cuando careces de algo, lo deseas. Toda mi vida quise un Aventador Roadster. Ahora lo tengo. Está en mi garaje. ¿Y sabes qué? Al final, es solo un Lamborghini.

Siempre te parece increíble algo cuando no lo tienes todavía, pero una vez lo consigues, te das cuenta de que el dinero no era el objetivo.

Creí durante años que el dinero lo era todo. Y ahora que tengo dinero en abundancia, créeme, es lo último que persigo. A mí lo que de verdad me hace feliz no es el dinero, son momentos como este. Hacer un vídeo, escribir este libro, compartir algo que impacte y ayude al máximo a la persona que lo ve o lee.

Y entiende una cosa: no hay nada más poderoso que alguien que tiene todo lo que siempre has soñado diciéndote que tú también puedes lograrlo siempre que hagas esto, esto, y esto.

Máquina, quítate todos los vicios que te alejan de donde quieres estar: alcohol, drogas, mujeres, porno, videojuegos, viajes innecesarios, compras que no necesitas… todo eso sobra.

Construye hábitos impecables de ganador, unos hábitos de maldito millonario. Y elimina toda la carroña que te rodea, toda la gente que no tenga el mismo objetivo que tú.

Sacrifícalo todo. Invierte todo tu tiempo y dinero en conocimiento, en tu negocio, en ti mismo. ¡Es que nadie hace esto, tío! Y luego pretenden llegar lejos. Si no pones el trabajo, ¿cómo puedes pretender elevarte a ciertos niveles? ¡No tienes derecho a reclamar nada, cabrón!

Te puedo decir una cosa: no hay nada como dejarse la maldita piel trabajando para construir la vida que siempre has soñado. Créeme, máquina: es mejor sacrificar cinco años de tu vida al máximo, sacrificarlo absolutamente todo y sin excusas, para después vivir el resto de tu vida como siempre has querido vivir.

¿Qué prefieres? ¿Sacrificar unos cuantos años y alcanzar la cima, o seguir rodeado de perdedores pobres que lo único que quieren es arrastrarte con ellos a una vida de mierda? En cuanto empieces a destacar, en cuanto empieces a incomodar a tus amigos y a tu familia, ¿sabes qué van a hacer? Intentarán frenarte.

Te dirán: "¿Qué haces levantándote tan temprano? ¿Por qué no te buscas un trabajo normal? Deja de soñar." ¿Sabes lo que tienes que decirles? ¡Cómeme la polla! ¡No me vuelvas a hablar! Aíslate. Rodéate de ganadores. Invierte tu tiempo y tu dinero en llegar donde quieres llegar en la vida.

Y si todavía no sabes qué coño quieres hacer, empieza a pensar, porque si no tienes un plan, si no tienes un propósito, si no tienes un objetivo… ¿cómo leches lo vas a lograr?

Nos vemos en la cima. *Let's go!*

PILAR IV

MENTE

¿QUÉ MINDSET TIENES? ¿MINDSET DE ESCASEZ O DE ABUNDANCIA? ¿DE AMOR O DE MIEDO? ¿DE LUZ O DE OSCURIDAD?

La abundancia comienza con un pensamiento de abundancia: es así de *fakin* simple.

Piénsalo: si esta mañana te has levantado y has ido a trabajar con ilusión y porque quieres, significa que tienes el control sobre el dinero. Pero si te has levantado de la cama porque has tenido que hacerlo, por obligación y sin ilusión, el dinero te está controlando a ti. Y adivina qué: el 99% de la población está controlada por el dinero. Viven por el dinero y, por ese motivo, no viven: sobreviven.

> **Nadie, y repito, NADIE puede ser libre cuando el dinero le controla.**

Cuando el dinero te controla, siempre vas a vivir en escasez. No importa cuánto tengas: esa será tu mentalidad y tu percepción. Siempre te faltará dinero, tanto si tienes como si no, nunca te sentirás agradecido y esto es lo opuesto a estar con Dios, quien nos enseña que la meta de cada día es ser agradecido.

La gente ha sido engañada hasta el punto de creer que controlar el dinero es sinónimo de hacer que el dinero trabaje por ti, esto es, tener inversiones que te generen dinero de forma pasiva. ¡Menuda gilipollez! Es una gran mentira: no existe el dinero pasivo. De hecho, las personas que desean esto buscan dejar de trabajar algún día. ¿Te das cuenta? Están deseando empezar a morir porque odian su trabajo o negocio.

Controlar el dinero no es generarlo sin hacer nada. Controlar el dinero es que tu trabajo sea tu propósito y tu pasión. Es querer levantarte cada día para trabajar porque es una bendición. Eso, máquina, es la verdadera libertad. Cuando experimentes eso, estarás en puro *flow state*. Recuerda: la libertad es espiritual, no financiera.

> **Lo primero que tienes que identificar es si tienes una mentalidad de abundancia o de escasez. Esto dependerá de tu entorno y de tus experiencias pasadas.**

Pero tengo buenas noticias: si tu mentalidad es de escasez, la puedes cambiar. ¿Cómo? Cambiando tu entorno.

Vamos a ver las diferencias entre un mindset de escasez y un mindset de abundancia, y presta atención porque esto es oro puro:

- El mindset de escasez compite contra los demás, mientras que el mindset de abundancia se enfoca en crear.
- El mindset de escasez evita riesgos, mientras que el de abundancia gestiona los riesgos.
- El mindset de escasez vive en el autoengaño, mientras que el de abundancia vive en la verdad.
- El mindset de escasez ama la comodidad, mientras que el de abundancia está cómodo saliendo de la zona de confort.

- El mindset de escasez solamente ve problemas, mientras que el de abundancia identifica oportunidades para ser más fuerte.
- El mindset de escasez cree saberlo todo, mientras que el de abundancia es humilde y está hambriento por elevar su conciencia cada día.
- El mindset de escasez elige el miedo, mientras que el de abundancia escoge el amor.
- El mindset de escasez intercambia tiempo por dinero, mientras que el de abundancia adquiere sabiduría con dinero.
- El mindset de escasez no hace caso a la intuición, mientras que el de abundancia la escucha.
- El mindset de escasez solamente cree en lo que ve, mientras que el de abundancia entiende que su visión se hará realidad solamente si cree en ella, esto es, teniendo fe.
- El mindset de escasez opera desde la lógica, mientras que el de abundancia opera desde los sentimientos.
- El mindset de escasez habla el idioma del miedo, mientras que el de abundancia habla el idioma del amor.
- El mindset de escasez piensa en uno mismo, mientras que el de abundancia piensa en los demás.
- El mindset de escasez sacrifica el crecimiento por la seguridad, mientras que el de abundancia sacrifica la seguridad por el crecimiento.
- El mindset de escasez se enfoca en tener, mientras que el de abundancia se enfoca en ser para tener en consecuencia.
- El mindset de escasez opera desde el miedo, mientras que el de abundancia opera desde el amor y la confianza.
- El mindset de escasez hace que la persona se vea a sí misma como una víctima, mientras que el de abundancia le hace verse responsable de su propio destino.
- El mindset de escasez se siente frustrado, mientras que el de abundancia es agradecido.
- El mindset de escasez tiene sueños imposibles, mientras que el de abundancia tiene una visión clara y definida.

- El mindset de escasez compra para ser, mientras que el mindset de abundancia ES y como consecuencia compra.
- El mindset de escasez persigue la riqueza, mientras que el de abundancia escucha la voz de Dios y busca su sabiduría.
- El mindset de escasez cree en la suerte, mientras que el de abundancia sabe que la suerte es Dios.
- El mindset de escasez es impulsado por el EGO, mientras que el de abundancia es impulsado por el ESPÍRITU.

Y ahora, pregúntate: ¿Cuál es tu mindset? ¿Con qué definiciones te identificas más? ¿Estás viviendo desde la escasez o desde la abundancia? ¿Desde el miedo o desde el amor? ¿Desde la luz o desde la oscuridad?

Bro, la elección es tuya. Tu mindset determina tu realidad. Cambia tu mindset, y cambiarás tu vida. Una vez que lo haces y dejas de ser un esclavo de este mundo, no hay vuelta atrás.

LA VIDA DE TUS SUEÑOS REQUIERE SACRIFICAR TU YO ACTUAL

Bro, es hora de enfrentar la verdad: ¿Cuántas veces fallas a tu palabra? ¿Cuántas veces dices que vas a hacer algo y no lo haces? ¿Cuántas veces te has apuntado al gym y has terminado abandonado? ¿Cuántas veces has intentado perder peso y no lo has logrado? ¿Cuántas veces has intentado generar dinero, pero has tirado la toalla cuando la situación se ha puesto difícil?

Recuerda: no puedes mentirle a tu conciencia. Tu mente cree que puede, ¡pero es una *fakin* mentira! Tu mente te engaña al convencerte de que está okey que tú mismo te faltes al respeto, pero esto en realidad, es lo que destruye tu confianza en ti mismo. Hasta que no alinees tus pensamientos, tus acciones y tu propósito, no tendrás claridad mental, ni confianza, ni disciplina. Hasta que no te alinees por completo, no hay nada que hacer.

Tu nueva vida requiere una nueva persona. La vida que sueñas requiere una nueva versión de ti. Debes dejar morir tu yo actual, debes dejar morir tu entorno actual.

Es un proceso doloroso, es duro como el infierno, pero nada en la vida te va a traer un mayor retorno de inversión que invertir en ti mismo. El cambio será tan brutal que no tendrá ni sentido.

¿Quieres saber el secreto? Victorias diarias, máquina. ¿Cuántas victorias llevas hoy? Estás leyendo este libro: esa ya es una.

Trabaja hoy en ganarte tu amor propio, y ya tendrás dos victorias. Da un paso adelante y admite tu carácter, y tendrás tres. Da otro paso más y admite tus errores, y tendrás cuatro. Sigue avanzando y reconoce que no estás dando la talla, que no le estás poniendo las suficientes ganas, ¡y tendrás cinco victorias! Y di no a los vicios hoy, y habrás acumulado otra victoria más. ¡Levántate cada día y apila *fakin* victorias, cabrón! Eso es lo que hace un ganador, ¡sin darse días de descanso!

Todos sufrimos, todos sentimos dolor. Y no me creo que exista alguien que no quiera trabajar en curar ese dolor, en deshacerse de todo aquello que le molesta.

Cuando ves a alguien caerse, ¿qué haces? Le ayudas a levantarse, ¿verdad? Pues es lo mismo que debemos hacer con las personas que sufren: mostrarles el camino hacia una vida sin ese dolor que les paraliza.

Para dominar el dolor, debes perseguirlo. Debes crear una rutina de disciplina que te haga más fuerte cada día. No hay otra manera.

He estado donde tú estás. Sé lo que es sufrir porque te quedan 50 $ en el banco, sé lo que es sufrir al mirarte al espejo y detestar el cuerpo que ves, sé lo que es sufrir por no poder viajar, por estar atrapado en un trabajo que detestas, por escapar de tu realidad una y otra vez con drogas y fiestas. Sé lo que es sufrir al rozar la muerte en una moto y sé lo que es sufrir al pensar que jamás tendría una gran pareja a mi lado. Lo he vivido todo, y he salido adelante.

Si quieres levantarte cada día y ser tu mejor versión, si quieres crear un nuevo entorno lleno de ganadores que compartan tu objetivo, si quieres crear una fortuna haciendo algo que te apasiona, he creado *Llados University*, una universidad donde construirás día a día la disciplina que te llevará a ser tu mejor versión. Sin excusas, sin días libres, sin atajos.

En *Llados University*, mis alumnos han logrado un crecimiento increíble en mente, cuerpo y alma. ¿Cómo? Enfrentando ese dolor que les perseguía. Han dejado de ser víctimas de la parálisis que mantiene a la mayoría atrapada en esa cárcel mental a la que me gusta llamar la Matrix. Tú también puedes escapar.

La realidad es que todos andan demasiado preocupados persiguiendo la gratificación externa y los resultados instantáneos. Persiguen la pareja ideal, el dinero fácil o el cuerpo perfecto. Olvídate de toda esa mierda y conviértete en la persona que atrae todo eso de forma natural.

> **¿Quieres a alguien increíble a tu lado? Sé tú ese alguien increíble. ¿Quieres dinero? Conviértete en una persona que resuelve problemas.**

Tu único objetivo diario debe ser convertirte en una persona de valor. Cuando lo logres, el éxito te perseguirá a ti, y no al revés.

TU MENTE CREA TU REALIDAD

Cuando operas desde un mindset negativo, algo tan pequeño e insignificante como que te pongan una multa puede llevarte directo a un agujero negro. De repente, empiezas a encadenar mala decisión tras mala decisión y, literal, terminas cambiando la dirección de tu vida.

Ahora bien, cuando logras cambiar tu mindset y miras atrás, te ríes de toda esa situación. Ese es el poder del mindset. Es lo que la gente no entiende: lo es TODO.

Por eso es tan importante empezar tu día pronto, a las 5:00 AM, antes que los demás. Necesitas un proceso diario que te eleve hacia un pensamiento positivo y de agradecimiento, un proceso que incluya ejercicio, lecturas positivas, escribir tus pensamientos y reflexionar.

> **Si tienes un objetivo que no responda a la pregunta "¿Cómo puedo servir al máximo hoy?", significa que estás intentando generar dinero demasiado duro y estás operando desde una posición egoísta.**

La realidad es que, al principio, no vas a poder ayudar directamente a otras personas. Pero simplemente ayudándote a ti mismo, dando el mejor ejemplo y viviendo como tu mejor versión, ya estás ayudando a todo tu entorno. ¿Cómo? Simple:

- Con tu ejemplo, enseñas a tus amigos que deben levantarse a las 5:00 AM y no acostarse borrachos a esa hora.
- Con tu ejemplo, les enseñas que deben decir no a los vicios.
- Con tu ejemplo, les enseñas que necesitan centrarse en sí mismos.
- Con tu ejemplo, les enseñas a amarse.
- Con tu ejemplo, les enseñas a respetarse.
- Con tu ejemplo, les enseñas que disfrutar la vida no es escapar de ella.
- Con tu ejemplo, les enseñas el proceso diario que deben llevar.

Y, sobre todo, lo más importante es que con el paso de los años les enseñarás algo que pocas personas tienen, lo más importante de todo: LA FE en que es posible.

De este modo, empezarán a ver materializado en ti todo lo que ellos persiguen: el físico, las mujeres, los coches, los viajes, los relojes…

> **Repito: al principio no necesitas ofrecer nada. Simplemente conviértete en el ejemplo a seguir. Con el tiempo, las personas vendrán a ti cuando te hayas convertido en quien desean ser.**

Para lograr llegar a esa fase es súper importante que compartas con todo el mundo tu vida en redes sociales. Si no tienes una marca personal, solamente tus amigos más cercanos podrán ver tu progreso. Y ese no es el objetivo: el objetivo es inspirar a miles, a millones de personas.

TRABAJAMOS PARA CONVERTIRNOS, NO PARA ADQUIRIR

Nunca he conocido a nadie que no quiera mejorar su vida. Piénsalo, ¿conoces tú a alguien que quiera estar más gordo, tener una peor relación con su pareja, ser menos respetado o generar menos dinero? ¿Verdad que no, *mostro*?

> **Pues aquí está la clave: la única manera de mejorar es tomar responsabilidad total de todo lo que pasa en tu vida.**

Aunque sea algo externo a ti, debes usar ese evento negativo de manera positiva. Cuando logras controlar tu mente y desarrollar una Actitud Mental Positiva (AMP), puedes convertir cualquier evento negativo en algo positivo.

La realidad es que solamente puedes ganar si pierdes. Cuando pierdes, aprendes. Y, si no cometes el mismo error dos veces, cada vez serás más inteligente. Así de simple.

Todo el mundo empieza porque quiere el resultado, ¿pero sabes qué? A medida que te sumerges en el proceso, te das cuenta de que el mismo proceso es mucho más profundo que el resultado.

Piensa en esto: cuando haces algo que no te hace sentir bien, luego sientes arrepentimiento. Esa es tu guía, cabrón. Escúchala.

Te levantas tarde, te sientes mal. No vas al gym, te sientes mal. Le gritas a tu pareja, te sientes mal. Juegas a videojuegos toda la tarde, te sientes mal. Sales de fiesta, te sientes mal. ¿Lo entiendes? Si sientes arrepentimiento, debes dejar de hacer eso que te ha hecho sentir mal.

Si quieres obtener un resultado físico o económico y abandonas, es porque solo buscabas el resultado final. Eso te convierte en una persona superficial, y los superficiales no llegan lejos en esta vida. Los pobres y las panzas son las personas más superficiales que existen, ¡y el chiste es que encima son ellos los que llaman superficiales a los ricos y a los que están en forma! El que es rico lo es porque no abandonó, y el que está en forma lo está porque no abandonó.

Los perdedores y los que abandonan persiguen únicamente los resultados. Y como los resultados nunca vienen lo suficientemente rápido, acaban tirando la toalla y permanecen gordos y pobres.

Mírate a ti, sé honesto contigo mismo: ¿estás trabajando para convertirte en alguien mejor o solo para adquirir cosas? ¿Escuchas a tu conciencia cuando sientes arrepentimiento? Y, por último, ¿buscas los resultados o disfrutas del proceso?

PROBLEMAS NORMALES = VIDA NORMAL

No quiero tetas, no quiero panza, no quiero ser un blando y, sobre todo, ¡no quiero una vida *fakin* normal!

No quiero ver cómo mi vida pasa. No quiero sobrevivir… quiero vivir.

Quiero que mi vida sea una película que cualquiera quisiera ver. Hermano, hazte esta pregunta: si tu vida fuera una película, ¿la verías? ¿Cuál es la finalidad de vivir, si no es una vida digna de ser contada, digna de ser recordada?

> **¿Cuál es la finalidad de vivir si tu existencia no deja un gran impacto en el mundo?**

¿Tú verías una película donde el personaje principal tiene un mindset de "Ohhh, ni siquiera estoy emocionado de vivir mi vida"? ¡Te dormirías viéndola! Entiende esto: si esa es tu vida, ¡esa ha sido tu elección, cabrón!

Todo el mundo quiere saber cómo estar motivado, cómo construir un mindset ganador e inquebrantable. Pues te voy a decir ahora cómo conseguirlo: acumulando victorias cada día.

> **¡Apila pequeñas victorias desde el momento en que abras los ojos, cabrón!**

¿Por qué crees que me levanto antes de que salga el sol cada día? Porque al abrir los ojos ya he ganado mi primera victoria.

Si te sientes atacado mientras lees este libro, si mis palabras te hacen sentir débil… voy a ser completamente honesto contigo: ¡yo no soy quien te está haciendo sentir así, cabrón! ¡No has acumulado ninguna victoria hoy, y por eso te sientes un perdedor hoy!

Es simple: yo llevo todo el día ganando. De hecho, ahora mismo mientras escribo esto son las 6:00 AM. Me he levantado a las 4:30 AM, ya he reventado el workout número 1 del día y ahora estoy escribiendo este libro, un libro que va a cambiar la vida de millones de personas. ¿Cómo crees que me siento?

No puedes decirme que soy un perdedor. Yo gano cada día, y esa es mi elección.

> **Recuerda: ser un ganador es un sentimiento interno diario que uno se gana a través del trabajo y de acumular victorias.**

Las pequeñas victorias de cada día son las que construyen las grandes victorias con los años, como comprarse un Lamborghini o viajar por el mundo.

Y no te equivoques... no vale con levantarse a las 5:00 AM si no estás haciendo nada con tu tiempo. No vale con entrenar dos veces al día si no haces un seguimiento de tus macros. No vale con leer un libro si no aplicas lo aprendido. No vale con invertir en un mentor si no pones en práctica lo que te dice. Si fuera así de fácil, cualquiera que invirtiese su dinero en seguir los consejos de un millonario también lo acabaría siendo. Si tú no cambias, nada cambiará.

Esto es lo que hago en *Llados University* con mis alumnos: ¡les cambio absolutamente todo! Lo primero que cambio es su entorno, dándoles acceso a una comunidad de ganadores. Esto es lo más crucial: con solo cambiar tu entorno, ya empiezas a ganar.

Después, les cambio sus hábitos: elimino todos los vicios, transformo su mindset, adapto su nutrición y mejoro su entrenamiento, eliminamos miedos para que puedan ser los mejores en su sector. Por último, trazamos una visión clara de la persona que quieren ser y les doy un plan exacto para lograrlo.

En pocas palabras: no se trata de agregar
cosas a tu vida, sino de restar lo que sobra
para poder elevarte.

DESCUBRIR TU PROPÓSITO

Al final, el propósito de todo ser humano es este:
crear la persona que admiras y respetas, y dársela
al mundo.

"Dios, de su gran variedad de dones espirituales, le ha dado un don a cada uno de ustedes. Úsenlo bien para servirse los unos a los otros" (1 Pedro 4:10, NTV).

Así pues, nuestro propósito es explotar y maximizar nuestro don, esto es, trabajar en nosotros mismos y crear nuestra mejor versión, y después usar bien ese don para servirnos los unos a los otros. Así es como yo me hice millonario.

Los primeros dones que exploté fueron los de la comunicación y el fitness. Me hice muy bueno en eso y serví a otros con eso. Lo mejor es que a medida que vas exprimiendo un don, puedes ir recibiendo otros dones: el don de dar fe, el don de dar esperanza a la gente, el don de ayudarles a renunciar a los vicios.

Todo el mundo tiene un propósito en la vida. Un don único, un talento especial que ha de desarrollar y ofrecer al mundo.

Y máquina, aquí va una verdad indiscutible: tú eres el único que puede descubrir tu propósito tras haber invertido años en mejorar. Esa es la realidad que muchos no quieren ver. El 99% de la población no trabaja lo suficiente en sí misma como para llegar a ese nivel de consciencia, como para descubrir su propósito.

Todos están demasiado ocupados persiguiendo lo externo… el *fakin* dinero.

Pero escucha esto: **cuando combinas tu talento único con el servicio a los demás, es cuando encuentras el verdadero éxtasis. Es cuando conectas completamente con tu espíritu. Y esa conexión, hermano, es el objetivo de todo ser humano.**

Cuando pones tu don al servicio de los demás y dejas de pensar en ti, la abundancia se vuelve inevitable.

FLOW STATE + PROPÓSITO DEFINIDO = LA VIDA DE TUS SUEÑOS

El mayor superpoder del ser humano es el autodominio. Dominar tu mente, tu cuerpo, tus pensamientos, tus acciones, tus reacciones… y conectar con tu espíritu. Ese es el propósito más alto de cualquier ser humano.

Primero, debes solucionar todos tus problemas. Esa es la fase de autorrealización. Pero no termina ahí. Después viene la autotrascendencia, cuando te conviertes en servidor de los demás.

El problema que veo hoy en día es que demasiada gente busca beneficiarse económicamente sin importarles si lo que venden ayuda a los demás. Es triste, pero es la verdad: la mayoría abre cuentas en redes sociales para venderse. Yo, sin embargo, las abrí para encontrarme a mí mismo, para conectar con personas que estaban en el mismo camino de fitness y desarrollo personal que yo. Estaba harto de escapar de mi vida con fiestas y drogas.

Una de mis frases favoritas, y que aplico a diario, es: **PROPÓSITO SOBRE PLACER.**

¿Sabes lo que significa vivir así? Reformatear completamente tu mente hasta convertir la búsqueda del placer inmediato en algo doloroso. Es más, yo ahora mismo sería incapaz de meterme una raya de coca, beber alcohol o salir de fiesta. ¿Por qué? Porque sé que todo eso me alejaría de mis objetivos.

> **Las personas que ganan en esta vida no lo hacen porque se dejan llevar por cómo se sienten. Lo hacen porque están comprometidas consigo mismas, porque viven con un propósito definido.**

Cuando persigues el deseo, estás siendo egoísta, y no podrás crecer cuando operas desde esa frecuencia. Las personas que persiguen el placer están acabadas. Porque esa búsqueda del placer nunca tiene fin. Se trata de personas sin un propósito, atrapadas en un bucle sin salida. Pero, hermano, tú no tienes por qué estar ahí.

Si quieres encontrar tu camino, no busques fuera: escúchate a ti mismo. Tu conciencia ya sabe qué camino debes tomar. Te dice qué debes hacer y qué debes dejar de hacer. Solamente tienes que seguir cada paso que te indique.

LA ADVERSIDAD TE MUESTRA QUIÉN ERES

La adversidad te muestra quién eres realmente. Es en los momentos duros donde te enfrentas a la verdad sobre ti mismo. Faaaak, ¡esto es algo que muchos no entienden!

Hay mucha gente perdida por ahí. Personas que no saben qué quieren hacer, no saben quiénes son, no saben en qué usar su tiempo… solo saben que quieren más dinero.

¿Sabes por qué están así? Porque nunca han pasado por dificultades reales, porque nunca han sufrido de verdad. Nunca han estado en la calle, solos, sin nadie que les respalde económicamente, a miles kilómetros de casa. Es en esos momentos cuando descubres quién eres, cuando descubres qué quieres.

> **Cada evento negativo es una bendición disfrazada. Es un *fakin* test que te envía el universo cuando intentas subir de nivel en la vida, y eres tú quien ha de demostrar si estás listo y te lo mereces.**

Si te quedas en tu zona de confort, si no te empujas para mejorar, es muy probable que evites el sufrimiento, es cierto… pero tampoco vas a crecer y eso te hará sufrir todavía más. ¡La moraleja es que nunca podrás escapar del sufrimiento, cabrón!

> **Ahora bien, si sales a comerte el mundo, te vas a pegar una hostia tras otra, pero esas hostias son las que te hacen fuerte.**

Cuando estás en esos momentos difíciles, ¡lo que te dices a ti mismo lo cambia TODO! Me acuerdo perfectamente de cuando fregaba platos con 50 $ en mi cuenta. En mi cabeza no paraba de repetirme: "El mundo va a ver de lo que soy capaz. Esto es solo el primer escalón. ¡Soy una *fakin* bestia!."

Ahora compara eso con lo que podría pensar un perdedor en esa misma situación: "Mi vida es una mierda, no valgo para nada, solo sirvo para fregar platos. Qué ganas tengo de que acabe el día para irme a jugar a los videojuegos." Faaaak, ¡pero qué leches vas a lograr en la vida pensando así, cabrón!

Recuerdo el momento en el que dije basta: "¿Pero qué coño hago jugando a videojuegos como un puto niño de mierda? ¡A la mierda con esto! ¡Voy a crear mi propio GTA en la vida real! Voy a tener el Lambo, la mansión, el jet, las tías… ¡lo que quiera!."

Eso sí, no te confundas: esto NO es algo que pasa de un día para otro.

Cambiar lo que piensas de ti mismo lleva años. Pero, cuando te demuestres CADA DÍA que no fallas, si pones el esfuerzo y construyes hábitos, ¡es inevitable que te conviertas en una *fakin* bestia!

Te doy un ejemplo: yo tardé seis años en generar 300 euros al mes como *coach online*. ¡Seis años! Pero escucha esto: tengo un alumno que ha pasado de cero a 85.000 euros al mes… ¡en solo siete meses!

Por eso te digo, *bro*, que no hablo por hablar. Hablo con hechos, con experiencia, con resultados, ¡porque todo en mi vida es MASIVO!

Ahora eres tú quien debe enfrentarse a la adversidad. Porque en esos golpes, en esos momentos jodidos, es donde construyes carácter, donde te das cuenta de lo que puedes llegar a ser. Aprovecha esos momentos para abrazar el sufrimiento, para convertirte en alguien que ni siquiera tú reconoces.

CREA TU AUTÉNTICO YO

Presta atención, hermano: el sistema está diseñado para que no pienses. Desde el colegio hasta la universidad, pasando por el instituto, te dicen exactamente lo que tienes que hacer. Y cuando piensas diferente, todos te señalan y te dicen que lo estás haciendo mal. ¡Es como *faaak*!

> **Pensar por tu cuenta es duro, hacer juicios de valor es difícil, descifrar la verdad en un mundo lleno de mentiras es un desafío constante.**

Cuando no sabes la respuesta a algo, cuando quieres algo y no tienes ni puta idea de cómo lograrlo, te toca crear.

> **Cuando tomas una decisión que no proviene del conocimiento y las experiencias previas, eso se llama creación pura. Tienes que ser consciente de que esta es la ÚNICA manera de crear tu auténtico YO.**

Si nunca tomas decisiones escuchando a tu conciencia, nunca descubrirás quién eres realmente y, por lo tanto, serás siempre lo que otras personas decidan que seas. ¿Es eso lo que quieres?

Dios nos creó para que nosotros también creásemos.

Nos creó para que nosotros no dejáramos de crear nunca. El objetivo de trabajar no es llegar a un punto donde no hagas nada. El objetivo es encontrar quién eres. Y una vez lo sepas, todo es fácil. Se llama propósito.

Cuando sabes quién eres y cuál es tu propósito, experimentas *flow state*, paz interior y abundancia.

La mayoría de la población quiere una vida fácil. No quiere pensar, no quiere crear. ¿Por qué? Simple: es la vía difícil. Es el camino en el que tienes que tomar responsabilidad de todos tus actos. Porque si escuchas a alguien y tomas decisiones basadas en eso y luego sale mal, simplemente culpas a la fuente de esa decisión y eso te hace creer que estás en paz contigo mismo. Una sensación falsa o un espejismo que te aleja de la verdad pero que te hace sentir bien.

Por eso, la mayoría prefiere dejar que sean otros los que tomen las decisiones y se limitan a seguir al rebaño. Así, la mayoría nunca se crea a sí misma y se convierte en criaturas que siguen los hábitos creados por otros. Sin embargo, pese a que desde fuera muchos te dicen cómo debes sentirte y actuar, por lo general estos mensajes van directamente en contra de cómo te sientes realmente y cómo quieres actuar, por lo que acabas experimentando un conflicto interno profundo.

Ahí va un ejemplo: todos a tu alrededor beben alcohol y por lo tanto tú también lo haces, pero luego te arrepientes y te sientes mal. Pese a ello, en la próxima ocasión vuelves a beber porque deseas ser aceptado en ese entorno. Al final, acabas convirtiendo el beber alcohol en un hábito.

> **Algo muy dentro de ti te dice que lo que otros te han dicho no se corresponde con quién eres en realidad. Que no te ves reflejado en sus palabras. Es hora de escuchar esa voz interior y empezar a crear tu propio camino.**

¿Qué vas a hacer al respecto? ¿Vas a escucharte a ti mismo o a otra persona que no tiene la vida que quieres? Empieza a crear, a pensar por ti mismo, a ser quién eres. Porque si no lo haces tú, nadie lo hará por ti. Y eso, hermano, sería desperdiciar tu verdadero potencial.

CÓMO REACCIONAR A LOS EVENTOS DIARIOS

Ya lo dijo Napoleon Hill en su libro "Piense y hágase rico": el miedo a la crítica es uno de los mayores frenos que tiene el ser humano. Ese miedo paraliza, te impide actuar, te deja atrapado en la opinión de los demás. Es el mayor enemigo de tu verdad.

Yo estoy aquí para romper con eso. Soy la primera persona hispanohablante en traer un mensaje de verdad y encarnarlo en las redes sociales. Por eso, cuando hace unos meses me preguntaron en un podcast qué se podía esperar de mí en el futuro, no tuve dudas en mi respuesta: **ALGO NUNCA VISTO, NUNCA HECHO.** Esto lo dije en enero de 2024 y, como siempre, este libro será la prueba de que todo lo que digo, lo cumplo.

> **Compón una idea clara y definida de cómo quieres que sea tu vida y encamínate en esa dirección.**

Si piensas que eres pobre, lo seguirás siendo. Si piensas que eres gordo, seguirás siéndolo. Cambiar algo no es resistirte a ese algo. Si quieres cambiar tu vida, y esto es lo normal, porque todos queremos cambiar nuestra vida a mejor, has de centrarte en crear y seguir creando. Solo así podrás vivir la vida que sueñas.

La vida está llena de retos, de obstáculos, de momentos difíciles. Pero en cada uno de ellos tienes una elección: resistirte a lo que ocurre o crear algo nuevo basado en quién quieres convertirte. La creación, hermano, es el único camino. Cada vez que te resistes, te quedas atrapado. Cada vez que luchas contra tu realidad, le das más poder. Pero cuando eliges crear algo nuevo en lugar de reaccionar a la defensiva, empiezas a construir tu verdadero yo.

> **Lee esto varias veces porque es importante: traicionarte a ti mismo por no traicionar a otros es la mayor traición que puedes cometer.**

Ser falso contigo mismo es perderlo todo. Debes ser fiel a tu verdad, a tu palabra, a tu conciencia. Si te fallas a ti mismo, jamás llegarás a ser quien estás destinado a ser. Pero, cuando honras tu verdad, todo lo demás en tu vida encaja de un modo que no tiene ni puto sentido.

DEBES ESTAR PRESENTE PARA EL DOLOR

La mayoría de las personas se pasan la vida huyendo de lo que más podría transformarlas: el dolor. Por eso no saben quiénes son. Yo, en cambio, he elegido sufrir cada día porque el sufrimiento me recuerda quién soy.

> **Cuando te dedicas a escapar del sufrimiento, lo que encuentras al final es mucho peor: el arrepentimiento y la culpa.**

Solamente tienes que mirar a tu alrededor para ver cómo la gente sale de fiesta, se droga y se emborracha para anestesiar ese dolor interno, para tratar de silenciarlo. Cuando hacen todo eso, dejan de estar presentes para el dolor. Y cada año que pasan huyendo es un año perdido. Un año en el que podrían haber experimentado un crecimiento personal brutal, si tan solo hubieran estado dispuestos a enfrentarlo.

¿Cómo sé todo esto? Porque yo he estado ahí durante años, escapando del dolor que me provocaba no estar contento con lo que veía en el espejo, escapando del dolor de estar atrapado en un trabajo que detestaba, escapando del dolor de no tener dinero, escapando del dolor de no tener confianza.

> **La realidad es que dejar de escapar no es fácil. Requiere un cambio radical. Requiere dejar tu vida actual, tu entorno actual, y construir uno completamente nuevo. Es lo que yo llamo "el camino solitario hacia tu nueva vida."**

Es un proceso necesario. Necesitas quedarte solo para descubrir quién eres, qué te gusta, qué quieres de verdad. La realidad es que la mayoría de las personas ni siquiera saben lo que quieren en la vida. ¿Por qué? Porque se rodean de personas que tampoco lo saben, personas que también están escapando del dolor.

Haz esta prueba: pregúntale a alguien qué quiere en la vida. ¿Sabes cuál será la respuesta más común? Dinero. Esa es la respuesta de una persona totalmente perdida.

> **El verdadero crecimiento no ocurre cuando te sales con la tuya. No ocurre cuando dices que sí a todo. Ocurre cuando dices que NO a algo que quieres hacer.**

Cuando tomas la vía difícil cada día, construyes disciplina. Cuando sufres grandes derrotas, construyes carácter. Ahí es donde encontrarás crecimiento. No en lo fácil, no en salir de fiesta o en beber para olvidar.

"Entren por la puerta estrecha. Porque es ancha la puerta y espacioso el camino que conduce a la destrucción, y muchos entran por ella. Pero estrecha es la puerta y angosto el camino que conduce a la vida, y son pocos los que la encuentran" (Mateo 7:13-14, Reina-Valera 1960).

Y todo esto lo sé porque es así como yo he cambiado mi vida. Cuando muestras al mundo que estás avanzando y dominando todas las áreas de tu vida, cuando encarnas el mensaje cada día, cuando enseñas a otros a validarse a través de QUIÉNES SON y no de lo que tienen, empiezas a cambiar vidas.

> **Recuerda esto: el valor de una persona no está en lo que tiene, sino en su capacidad de influir en los demás. Cuanto más impactes con tus obras, más te dará Dios.**

Por eso, antes de enseñar a alguien, asegúrate de estar preparado. Asegúrate de que tu vida sirva de ejemplo. Porque cuando los demás vean que tu mensaje y tus consejos te han funcionado, que tienes los resultados que ellos quieren, estarán dispuestos a escucharte. Si no es así, nadie te escuchará ni aplicará tus palabras.

Así que recuerda: el dolor no es tu enemigo, es tu maestro. Y cuanto más presente estés para él, más cerca estarás de convertirte en la persona que estás destinado a ser. ¿Vas a enfrentarlo o seguirás huyendo? Porque el dolor siempre estará ahí, pero depende de ti si lo usas para crecer o para seguir encadenado a una vida que no quieres.

DEBES SER LA LUZ QUE ALUMBRA LA OSCURIDAD DE OTROS

Para ganar en la vida debes convertirte en un líder. Y no estoy hablando de títulos ni jerarquías, sino del tipo de persona que inspira a otros a ser mejores. El hecho de que yo me levante antes que el sol hace que mis seguidores se levanten también antes que el resto. Cuando ellos ven que yo no fallo, entienden que ellos tampoco pueden fallar. Porque liderar significa demostrarles lo que es posible.

Cuando influimos en los demás para que apliquen cambios positivos en sus vidas, nuestras debilidades se convierten en su vía de escape, en la excusa perfecta para que justifiquen no cambiar. Por eso no debemos tener ninguna debilidad visible.

Para que tus palabras lleguen al alma de alguien, para ser capaz de transformar a otra persona, debes encarnar tus enseñanzas y documentarlas a diario. Haz que todo el *fakin* el mundo vea, a través de tus acciones, que tú eres la prueba viviente de lo que predicas.

Un hombre o mujer de éxito ejecuta cada día una serie de tareas que contribuyen a evolucionar su carácter. Muchas de esas cosas no son agradables, no son placenteras. Pero son necesarias. Cada día debes hacer cosas que no quieres hacer para construir el futuro que deseas.

> **Debes obsesionarte con los actos que construyen, no con los que te llevan al placer inmediato. Porque si piensas que salir de fiesta, beber alcohol o consumir drogas te va a llevar a algún lado, estás muy equivocado.**

Si eliges dedicarles tu tiempo a estos últimos hábitos destructivos, sé lo que estás haciendo. Y tú también, máquina: estás escapando de tu vida. Nunca esperes un resultado positivo de un acto negativo.

Cuando finalmente aprendes a ser ese hombre que necesitaste toda tu vida, todo empieza a fluir, todo encaja. Porque no solo habrás cambiado tu vida, sino que habrás encendido una luz que guía a los demás.

Por eso te digo, hermano: conviértete en la luz que alumbra la oscuridad de los demás. Y cuando lo hagas, verás que tu impacto en el mundo será MASIVO.

NO TIENES PROBLEMAS DE DINERO, TIENES PROBLEMAS CON TUS VALORES INTERNOS Y PRINCIPIOS

La mayoría de las personas no tienen ni idea de cómo funciona el mundo. Muchos piensan que la Matrix está diseñada para mantenerlos pobres, pero faaaak, ¡la realidad es otra! La Matrix no está aquí para hundirte, está aquí para sostenerse a sí misma, para sostener al sistema, y tú simplemente formas parte de ese sistema.

> **Cuando aprendes cómo funciona el sistema, es muy simple escapar de él. Todos tus problemas externos son en realidad un reflejo de tus problemas internos. Y esa es la mejor noticia que puedo darte, cabrón. Porque significa que tienes TODAS las herramientas para moldear tu futuro como quieras.**

El primer paso es crear una visión del personaje que quieres ser y la vida que quieres construir. Después, necesitas trazar un plan de ataque diario que te lleve hasta ahí. ¿El problema? El 99% de la gente ni siquiera hace esto. ¿Por qué? Porque no tienen ni idea de lo que quieren ni tienen un plan para obtener aquello que quieren.

No sabes lo que quieres porque no sabes quién eres. Te dejas influenciar constantemente por tu entorno, un entorno que está perdiendo. Y aquí está el mayor error: ¿cómo *fakin* esperas ganar si sigues rodeado de perdedores que no construyen, no progresan y solo se hunden en el placer instantáneo? Debes aislarte y conocerte a ti mismo. Conocer tus valores, tus principios, lo que realmente quieres de la vida. Y cuando lo hagas, busca y encuentra a alguien que ya esté viviendo el tipo de vida que tú sueñas para que te enseñe el *blueprint* que te llevará hasta ahí.

Te digo todo esto porque es exactamente lo que hice yo. En cambio, ¿qué hace la gente? Perder el tiempo discutiendo sobre fútbol, viendo partidos y distrayéndose con cosas sin sentido en lugar de centrarse en su propia vida.

> **Nunca entenderé por qué las personas le dan tanta importancia a cualquier competición menos a la única que importa: la competición con uno mismo. Esa es la única que te va a elevar de nivel. La única que solucionará tus problemas.**

A medida que creces y alcanzas un mayor nivel de conciencia, te das cuenta de algo que te vuela completamente la cabeza:

> **No puedes resolver problemas desde el mismo mindset con el que fueron creados. Y mucho menos, en el mismo entorno donde nacieron.**

Ejemplo: si eres pobre y tienes problemas de dinero, nunca los vas a solucionar si no cambias el entorno. El entorno que te hizo pobre no te hará rico. Punto.

Yo llevo ya años viviendo sin esos problemas que arrastran a la mayoría: dinero, sobrepeso, vicios, creencias limitantes y un mindset pobre… Salí de todo aquello porque aprendí a construir hábitos, a no romper carácter y a cambiar mi mindset y perspectiva.

Ninguno de esos problemas tiene una naturaleza externa; de hecho, la solución reside en el interior de cada uno. Esa es la belleza de la vida: cualquiera puede crear la visión y el personaje que quieran.

> **Máquina, aquí está la clave: la progresión interna es el resultado de superar problemas. ¿Y qué hacen los que pierden en la vida? Huir de ellos. Todos los putos días.**

No tienes un problema de dinero. Tienes un problema de disciplina y de sacrificio. No tienes miedo al éxito, tienes miedo a lo que tienes que sacrificar para alcanzarlo: tu vida actual. No tienes un problema de fitness, tienes un problema de disciplina y de ser capaz de sacrificar.

¿Lo pillas, bro? No tienes problemas externos, no son tu país o alguien externo a ti los que te están frenando: tienes problemas internos de valores y principios. La realidad es esta: podrías ser tan rico como quisieras. Podrías tener esos abs que siempre soñaste. Con lo que tienes ahora mismo. Si fueras lo suficientemente disciplinado, si tuvieras cojones para sufrir lo suficiente y si estuvieras dispuesto a sacrificar lo suficiente.

Ya estoy viendo a las víctimas diciendo: "Pero Llados, no todo es el dinero ni estar en forma…." ¡Por supuesto que no, *faaak*! Pero todas esas cosas son un reflejo de respeto propio. Y el respeto, cabrón, lo es todo.

Claro que no todo es el dinero, pero sí el progreso. Porque sin progreso, no puedes sentirte realizado ni feliz. Una persona estancada es una persona miserable.

> **Al final, todo gira en torno al amor y el respeto propios. Si no progresas en la vida, es porque no te respetas ni te amas lo suficiente.**

La ansiedad se origina en la falta de acción. Por eso, ¡aprender a tomar acción masiva cada día es el camino para alinearte con tus valores y principios, para progresar siempre y ser agradecido!

A QUÉ ME DEDICO

Hazme caso: busca y encuentra a alguien que ya esté viviendo la vida que quieres y acércate lo máximo posible para aprender de él. Cuanto más cerca estés y más expuesto estés a su entorno, más rápido llegarás ahí.

Dato importante: no te despegues de esa persona hasta que la superes. Un error que veo demasiado a menudo es el de personas que se separan de su mentor después de haber progresado mucho. Y es que, aunque se encuentren todavía lejos del nivel de su mentor, acaban poseídos por el EGO, es decir, dominados por el Diablo, que solo busca boicotear su progreso e instaurar el miedo de nuevo en ellos.

Otro gran error que veo cometer a todo el mundo es pensar que necesitan inventar algo nuevo o hacer cosas extremadamente complejas para vivir la vida de sus sueños. Piensan que tienen que añadir más y más a su vida, cuando la realidad es que el éxito es un proceso de eliminación. ¡Debes restar, no agregar!

Yo dejé a mi novia, porque no aportaba.

Dejé la universidad, llena de profesores mileuristas con panza, ¡que no valía para *fakin* nada!

Dejé mis vicios: fiesta, mujeres, drogas, pajas, videojuegos…

Dejé a mi familia para crear un entorno completamente nuevo en otro país.

Dejé a mis amigos atrapados en la Matrix para rodearme de un entorno de FE.

Dejé ir todos mis ahorros, dos veces, para invertirlos en mentores.

Dejé mi país.

Dejé mi empleo "seguro."

Dejé mi coche, que en ese momento era lo que más quería.

Dejé de comprarme cosas.
Dejé de procrastinar.
Dejé de poner excusas.

¡Y podría seguir todo el día, cabrón!

> **La verdad es esta: no tienes miedo al éxito. Tienes miedo a lo que tienes que dejar atrás para alcanzarlo. Tienes miedo de soltar esa vida de mierda que llevas ahora mismo.**

El éxito no se alcanza sumando, sino eliminando de tu vida todo lo que te frena: los malos hábitos, las relaciones que no aportan, las creencias limitantes, los vicios, los sistemas complejos que no sirven para nada.

En fin, ¿qué sabré yo? Solo soy alguien que pasó de tener 50 $ en mi cuenta bancaria en 2015, fregando platos y trabajando en la obra, a generar más de 400.000 $ al mes en 2023 y haber llegado a generar más de 1 millón de dólares en 30 días.

Mi vida ahora es más simple que nunca. Es cuando menos estrés tengo, cuando más feliz soy. Solo estoy enfocado en una cosa: *Llados University.* Y lo mejor de todo: no siento que trabaje, porque amo lo que hago. Lo necesito. No puedo vivir sin ello.

Tras una grave crisis personal, volví a ser Llados. Volví a ser ese niño que empezó todo. El niño que se lo pasaba bien todo el día, el que se grababa descojonándose de todo, el que hacía las cosas por pasión y al que el dinero se la pelaba. El que atendía personalmente a todos sus clientes porque eso era lo que lo hacía feliz.

Dejé ir todo lo que no servía y recuperé mi vida, mi matrimonio y mi negocio.

Y tú, ¿vas a ser capaz de dejar todo lo que no suma en tu vida? Porque hasta que no lo hagas, no vas a llegar a ningún lado.

EL ARREPENTIMIENTO ES TU GUÍA

Bro, el 99% de la gente anda perdida y vive sin una visión, sin un rumbo claro. Todo lo contrario del gran Arnold Schwarzenegger, de quien proviene la siguiente cita que te va a volar la cabeza:

"Cuando tu visión es lo suficientemente poderosa, todo lo demás encaja: cómo vives tu vida, tus entrenamientos, con qué amigos eliges pasar el rato, cómo comes, qué haces para divertirte. La visión es un propósito, y cuando tu propósito es claro, también lo serán tus elecciones en la vida. La visión crea fe y la fe crea fuerza de voluntad. Con la fe no hay ansiedad, no hay duda, solo confianza absoluta."

Arnold es un ejemplo masivo de superación. No lo admiro por ser Mr. Universo o una gran estrella de cine, sino por su capacidad para superarse: empezó desde cero y construyó una vida legendaria.

> **Arnold pertenece al tipo de personas en las que has de fijarte, y todas tienen algo en común: una visión muy clara.**

Pero ¿y si tú no tienes una visión? ¿Qué pasa si ahora mismo te sientes perdido? Ahí entra en juego tu conciencia. Porque, aunque no tengas un camino definido, tu conciencia siempre está ahí para hacerte sentir arrepentimiento cuando no estés haciendo las cosas bien.

¡El arrepentimiento no es opcional, cabrón! No puedes elegir si te arrepientes o no de algo. El arrepentimiento está ahí para enseñarte cómo leches tienes que actuar. Es tu brújula interna, la forma en la que el universo te dice: "Hey, máquina, esto no está bien."

> **Cuando te arrepientes de algo es porque existe algo que debes eliminar de tu vida, una acción que no debes repetir.**

Es la manera en que Dios te guía para que puedas vivir tu mejor vida. La conciencia es la auténtica voz de Dios.

Cuando sientes arrepentimiento por algo, es porque hay una acción que necesitas corregir o evitar repetir. Es un recordatorio constante de que puedes ser mejor, de que hay algo que no está alineado con tu mejor versión.

Hermano, adherirte a tu conciencia es el camino. Hasta que no aprendas a caminar en congruencia con tu conciencia, tu mente estará plagada de dudas, pensamientos tóxicos o negativos, y no tendrás una idea clara de hacia dónde quieres ir. No te sentirás completo porque, efectivamente, no lo serás. ¡*Faaak*! No puedes ir por la vida dando vueltas, ¡has de trazar un rumbo claro y recto!

¿Y por qué pasa todo esto? Porque tomas decisiones en base a influencias externas, porque dejas que las opiniones de los demás controlen la dirección de tu vida. Actuar así te desvía del camino que realmente sabes que deberías tomar, pero ahí está tu conciencia recordándote lo que es correcto para ti, mostrándote el arrepentimiento como una señal clara de por dónde NO debes ir.

> **El mayor problema del ser humano es intentar convencer a su mente de algo que su corazón sabe que es mentira.**

No puedes mentirle a tu conciencia. No puedes autoconvencerte de que no te arrepientes de algo. Por lo tanto, deja de pelear contigo mismo y empieza a vivir alineado.

CONTROLA TUS EMOCIONES

Todo evento externo negativo no es creación tuya, pero preocuparte por algo que no está en tus manos es la manera más rápida de no vivir. Lo que sí está en tus manos es controlar cómo te afectan estos eventos. No puedes cambiar los eventos externos, pero sí la experiencia interna. Ese, máquina, es el camino para ser un maestro en el arte de vivir.

> **Mientras sigas alimentando la idea de que existe algo o alguien ahí fuera conspirando en tu contra, estarás renunciando al poder de hacer algo al respecto, y no hay nada peor que eso. Así pues, toma responsabilidad por todo lo que afecta a tu vida, tanto si lo has provocado tú como si no.**

Adán y Eva no la cagaron por desobedecer a Dios y comer del fruto que no debían: la cagaron porque, cuando Dios les pilló y les preguntó qué pasaba, ninguno asumió su responsabilidad.

Bro, te doy un ejemplo muy simple: la muerte de un familiar. No es tu culpa que haya fallecido, pero sí está en tus manos decidir cómo lo vives. ¿Vas a dejar que eso te hunda en las drogas y la depresión? ¿O vas a usarlo como inspiración para trabajar más duro, para convertirte en tu mejor versión en su honor? Hermano, la decisión es tuya. Tú decides si los eventos externos te hacen más fuerte o más débil.

Si comprendieras cómo funcionan las leyes universales, nunca más experimentarías "problemas." Te darías cuenta de que lo que hoy ves como "problemas" que te frenan en la vida son, en realidad, bendiciones que te hacen más fuerte. Si le pides progreso al universo, el universo te pondrá problemas en el camino. ¿Sabes por qué, *mostro*?

> **Porque la única manera de progresar es volviéndote más fuerte. Y la única manera de hacerte más fuerte es sufriendo.**

Cuando entiendes esto, nunca más afrontas una situación difícil viéndola como un problema, sino como una oportunidad. Entonces, habrás pasado a operar desde el AMOR y no desde el MIEDO. Habrás puesto fin a todas tus preocupaciones, dudas y miedos. Habrás encontrado la libertad, la paz y la sabiduría que provienen de la inteligencia infinita. Es ahí cuando estarás realmente en el camino de convertirte en un ser completamente realizado.

Este, máquina, es tu propósito más profundo. Es lo que tu alma desea: reconocerse por completo desde dentro para poder personificar exteriormente quién eres realmente.

Tú huyes del dolor, yo lo busco.
Tú huyes de los problemas, yo los resuelvo para hacerme más fuerte.
Tú operas desde el miedo, yo opero desde el amor y la FE.
Tú piensas: "Si pasa esto, será un fracaso"; yo pienso: "Incluso si pasa esto, aprenderé."

> **Nunca he fracasado en mi vida porque jamás he dejado de intentarlo. Recuerda: solo fracasas cuando dejas de intentarlo.**

Puedo morir ahora mismo sin sentir ARREPENTIMIENTO porque nunca he dejado de intentar lograr todo aquello que me propuse. Y aquí viene una realidad brutal: hoy tengo y soy todo lo que una vez soñé… ¡y aun así nunca voy a dejar de intentarlo!

¿CABALLERO O PAPANATAS?

Un caballero muestra autoridad, pero no arrogancia. Un papanatas muestra arrogancia, pero no autoridad.

El caballero aprecia la justicia, el papanatas aprecia solo aquello que le beneficia.

El caballero actúa con buena intención, el papanatas solamente piensa en su propio beneficio.

Un caballero no antepone el dinero a sus principios, su salud, sus relaciones y su amor propio. Un papanatas, en cambio, pone el dinero por encima de todo.

El caballero sabe que todo está en sus manos. El papanatas pone excusas para justificar por qué no tiene lo que quiere.

Un caballero ve el trabajo como una bendición. Un papanatas lo ve como un castigo.

El caballero sufre para vivir. El papanatas persigue la comodidad, pero termina sufriendo por no vivir.

Un caballero no necesita escapar de su realidad con fiestas, alcohol o drogas. Un papanatas vive escapando de su realidad porque no es capaz de afrontarla.

Ahora, máquina, pregúntate quién eres tú: ¿un caballero o un papanatas?

EL SUFRIMIENTO COMO ELECCIÓN

Las mentes fuertes sufren sin quejarse, mientras que las mentes débiles se quejan sin sufrir.

El sufrimiento es algo que ningún ser humano puede evitar. ¡Todos sufrimos, cabrón! Un mileurista sufre porque no llega a fin de mes. Un millonario sufrió durante seis años levantando su negocio, mientras se mataba con otros trabajos, sin recibir ninguna compensación y movido únicamente por la esperanza de no tener problemas de dinero en el futuro.

> **La pregunta no es si vas a sufrir o no. La pregunta es cómo vas a enfrentar ese sufrimiento.**

Si no eres capaz de infligirte tú mismo el sufrimiento a través de una rutina de disciplina, el universo se encargará de traértelo de otra forma. Es así de simple.

Hermano, caminar hacia el sufrimiento cada día es lo que construye confianza. Huir de él para terminar experimentándolo por la fuerza más adelante no hace más que recordarte que eres un cobarde.

Una panza sufre a diario cuando se mira en el espejo o en una foto, mientras que una persona que está en forma y que sufrió durante años para forjar un cuerpo sano y musculado se mira con orgullo. Ambos sufren, pero hay una gran diferencia: el primero sufre porque sabe que es un cobarde y un blando, pero el segundo sufre únicamente para convertirse en la bestia que es.

QUEJARSE ES DE DÉBILES

Hoy es el día en que eliges fuerza sobre debilidad, agradecimiento sobre queja, acción sobre excusa, coraje sobre cobardía, virtud sobre vicios. Hoy es el día en que entiendes que los eventos externos negativos son una bendición porque solo te hacen más fuerte. ¡Hoy es el día en que comprendes que la única manera de avanzar es sufriendo!

Pero hoy, sobre todo, es el día en que aceptas ese sufrimiento y lo recibes con agradecimiento. Gracias, policía de Miami, por llevarte mi nuevo Porsche GT2RS.

Hermano, uno no necesita aprender cosas nuevas todos los días, sino desarrollar tal nivel de conciencia que seas capaz de identificar cuando empiezas a pensar como un perdedor... antes de actuar como uno.

> **Las acciones no se pueden deshacer, ¡pero los pensamientos sí!**

Ayer salí a probar mi nuevo Porsche GT2RS, uno de los mil que hay en el mundo (de hecho, solamente existen 23 en color amarillo y uno de esos es el mío), y literal, cruzo el puente para llegar a Miami Beach y me para la policía. En cuestión de cuatro minutos, solo había podido darle tres acelerones. Lo primero que hice fue admitir mi culpa, pues había sido impaciente y lo había sacado a la calle antes de que llegase la matrícula.

El caso es que se llevaron el Porsche al depósito y no puedo ir a recogerlo hasta que llegue la matrícula. En ese momento, empezaron a surgir quejas en mi mente, pero las identifiqué rápidamente. Solamente necesité los cinco minutos del viaje de vuelta en Uber a mi mansión para cambiar por completo mi perspectiva sobre lo ocurrido. Me di cuenta de algo importante:

Quejarse, incluso en soledad, es respirar un mindset de impotencia y debilidad.

Si quieres ser fuerte, debes aprender a controlar cómo percibes los eventos externos. No se trata de la realidad en sí, sino de cómo la interpretas.

Al no quejarte, proyectas una imagen de fuerza y autosuficiencia, y tú mismo te sentirás más capaz y más fuerte. Y recuerda: lo que piensas de ti mismo será lo que los demás piensen de ti.

Quejarse es algo que hacen las personas débiles, aquellas que dependen de otros para solucionar sus problemas. Por eso, si quieres ganar resiliencia mental, debes abstenerte de quejarte, cabrón… ¡incluso en tu mente!

En lugar de quejarte, debes canalizar esa energía en tomar acción para superar obstáculos y apilar pequeñas victorias. Es simple: yo siempre estoy forzando al máximo para avanzar, y el universo no hace más que ponerme más y más obstáculos para ver si soy digno del siguiente nivel.

Ayer, el universo me quitó mi nuevo supercoche nada más salir a probarlo. ¿Y sabes qué le digo al universo? ¡¡¡Gracias!!!

Todo evento externo negativo es solo una prueba para hacerme más fuerte. ¡*Fakkkk*!

TU VIDA ES EL REFLEJO DE TU FE

Simple: cuando tus deseos no se cumplen, es porque no tienes fe. Si no has conseguido lo que querías, entiende esto: estás obteniendo exactamente lo que manifestaste. Tu vida es siempre el resultado de tus pensamientos sobre ella. Si piensas que nunca consigues lo que quieres, adivina qué… no lo conseguirás.

Esto es algo muy común, por ejemplo, cuando pierdes tu empleo. La mayoría actúa como víctima, pero la realidad es que ellos mismos decidieron perder ese trabajo mucho antes de que sucediera. Dejaron de ponerle amor y pasión, dejaron de levantarse pronto para llegar los primeros, dejaron de ser felices con lo que hacían. Al final, empezaron a temer por su futuro y seguramente habían empezado a imaginarse trabajando en otro sitio. Entonces, en ese momento, el despido se hizo realidad.

> **Con las relaciones pasa exactamente lo mismo. Una relación termina mucho antes de que oficialmente se acabe. En esta vida todo ocurre con "lag", es decir, con retraso. Lo que experimentas hoy es el resultado de lo que pensaste e hiciste en el pasado.**

Si hoy recibes un depósito de 1.800 euros por un año de tu coaching, ese resultado no ha aparecido de la nada. El esfuerzo que hizo eso posible tuvo lugar mucho antes.

Necesitas empezar a reconocer la verdad, y especialmente si te duele, cuando la escuchas. Es mejor eso a sentirte ofendido y respondas con miedo a la persona que te dijo esa verdad. De hecho, deberías darle las gracias. Muchos no entienden que este tipo de personas, las que te dicen la verdad desde el amor, son las únicas que realmente importan, tus únicos amigos. Pero la mayoría no lo ve así. La mayoría responde mal porque la verdad duele.

> **Hermano, fíjate en esto: los plebeyos siempre se fijan en lo negativo. Los líderes ni siquiera ven lo negativo. ¿Te das cuenta? Para ellos, incluso lo que parece negativo es siempre positivo.**

El sistema te ha programado para exagerar y agrandar lo negativo, te ha entrenado para elegir siempre lo más barato, lo más cómodo, lo peor. Esto viene de un mundo que no conoce a Dios, porque Dios nunca crearía algo imperfecto.

> **Yo siempre elijo el camino más largo, lo más caro, lo más duro. Así me he reprogramado para ganar en la vida. Y tú puedes hacerlo también.**

¿Cómo? Simple: leyendo este libro una y otra vez, estudiándolo como si te fueran a preguntar sobre su contenido en un examen, aplicándolo masivamente cada día. Si eres capaz de vivir a diario siguiendo las bases de este libro, que es como yo vivo, estarás reprogramado para ganar en la vida, ¡será *FAKIN* increíble!

LA VERDAD SOBRE LA VIDA

Hermano, los seres humanos no han aceptado lo único realmente inevitable en esta vida: la muerte.

Viven como si tuvieran la certeza de llegar a los 80 años.
Invierten su dinero como si fuera seguro que lo disfrutarán a los 65 años.
Operan cada día como si tuvieran garantizado el mañana.

Todas estas panzas blandas no han estado cerca de la muerte, y por eso son unos desagradecidos. No viven, sobreviven.
Solo persiguen una cosa: el dinero, el puto dinero.

> **Yo ni siquiera veo el dinero. Yo veo relaciones.**

Yo uso mi dinero para experimentar la vida.
Yo uso mi dinero para crear.

No tengo miedo a no tener dinero porque ya he vivido sin él. Sé quién soy y nadie puede quitarme eso.

Somos energía, máquina.

Cada día me preparo y me hago más fuerte. El dinero no es mi objetivo, sino una consecuencia de quién soy.

Hermano, nadie me va a parar a la hora de desarrollarme como persona. Y la pregunta es, ¿quién leches te está parando a ti?

EL PODER DE VIVIR ALINEADO

Para lograr VIVIR necesitamos lograr PAZ. Nadie puede vivir sin paz; si no está en paz, solo sobrevive. Así que el verdadero objetivo es el siguiente: poder vivir en *flow state* y experimentar al máximo lo que ya tenemos.

No se trata de tener lo que quieres, sino de experimentar lo que ya tienes.

Aquí reside el error más común de los plebeyos atrapados en el sistema y también de la gente que ama el dinero, pero no sabe quién es. Ambas personas, aunque parecen vivir vidas opuestas, están igualmente vacías. Da igual que seas empleado o dueño de un negocio, porque si no sabes quién eres y solo persigues el dinero, no estás viviendo: estás sobreviviendo.

Para vivir realmente, debemos alinearnos. Esto es más simple de lo que piensas:

DESEO → PENSAMIENTO → PALABRA → ACCIÓN.

Cada paso debe estar completamente alineado.

Te pongo un ejemplo con el que seguramente te sentirás identificado: quieres un Lambo. Perfecto, ese es un deseo. Ahora lo plasmas en un pensamiento: "Quiero un Lambo." Bien. Luego se lo cuentas a tu madre: "Mamá, voy a tener un Lambo." ¡Brutal! Todo parece alineado, ¿verdad?

Pero entonces llega el viernes, sales de fiesta, te emborrachas y te drogas… ahí has fallado en la acción. Esa acción no solo no te acerca a un Lambo, sino que te aleja de él. De hecho, te está matando. Las drogas son tóxicas y te desconectan de tu alma y de quién eres.

"Bueno, no pasa nada, solo es una vez al mes", dirán algunos. Pero esas palabras no valen de nada.

> *Bro,* nunca escuches a alguien que no está completamente alineado, porque esa persona ni siquiera se escucha a sí misma. Y ojo, que una persona tenga dinero no significa que esté alineada.

Literal, hoy mismo una persona que está estudiando en *Llados University* me ha mandado un mensaje llorando. Pero no de tristeza, ¡sino de alegría! Me decía que nunca había sentido tanta paz, que estaba viendo señales de Dios por todos lados, que sabía que estaba en el camino adecuado. Eso, máquina, es el resultado de alinearse con uno mismo y con cómo Dios quiere que vivas.

Y ayer, otra mujer me mandó un video, llorando también de alegría. Me dijo que a sus 41 años nunca se había sentido así, ni siquiera cuando nacieron sus hijas, que mi universidad había sido lo mejor que le había pasado en la vida. Y eso que solo llevaba 5 días afiliada a *Llados University*.

> **Hermano, una persona alineada no falla. No se droga, está en forma, se respeta, se ama, ayuda a los demás sin esperar nada a cambio y no pierde el tiempo criticando a otras personas.**

La gente me pregunta: "¿Cómo puede ser que avances tan rápido en la vida?" La respuesta es simple: estoy completamente alineado.

¡No me arrepiento de nada porque no fallo! Llevo varios años sin beber alcohol ni consumir drogas. ¿El resultado? Cada vez tengo más claridad y fortaleza. Y esta realidad, máquina, solo crece.

La iluminación está reservada para las personas que llevan alineadas muchísimo tiempo. ¡Así es donde nacen los genios! ¡Ahí es donde haces cosas que otros ni siquiera creen posibles!

Recuerda: alguien con talento puede darle a una diana que nadie más puede ver, ¡pero un genio le da a una diana que nadie más puede imaginar que existe!

CRECES O MUERES

Los plebeyos creen que la felicidad reside en estar cómodos con quienes son y con donde están en la vida. Los ganadores, en cambio, entienden que la felicidad está en el progreso y cada día dan el 100% para hacerse más sabios a través de un proceso diario y hábitos inquebrantables.

> **Mientras que los plebeyos buscan confort, los ganadores saben que el confort es la muerte. Tienen claro que en esta vida o bien estás creciendo o te estás muriendo. El estancamiento no existe.**

Por eso, hermano, hazte ahora una pregunta crítica y sé honesto contigo mismo: "¿Estoy creciendo o estoy muriendo?"

Si la respuesta es "muriendo", debes tomar ahora mismo la decisión de cambiar.

LOS PRINCIPIOS DE UN HOMBRE

De pequeño, solo admiraba a una persona: a mi padre. La razón principal era porque nos lo dio todo a mi familia y a mí. Nunca me faltó de nada. Pero no solo era eso. Yo veía que era el hombre más constante, veía que no fallaba, veía que no salía de fiesta ni con sus amigos. Cuando me despertaba, él ya estaba trabajando, y cuando me iba a dormir, él seguía trabajando.

> **Lo más común es encontrar a hombres constantes que nunca consiguen resultados, y eso quita la fe al resto. Por eso, mi objetivo fue siempre convertirme en el hombre más constante que jamás haya vivido, alcanzando resultados masivos.**

Las personas de éxito tienen una serie de principios que son los que realmente las hacen exitosas. No es simplemente el dinero, ya que el dinero solo es una consecuencia de quiénes son.

Muchas personas tienen dinero, pero eso no significa que sean exitosas. Al principio, puede que solo veas el dinero y te deslumbres. Pero, cuando te detienes a mirar más allá, ¿qué quieres ver?

Yo quiero ver sus principios, quiero ver de dónde vienen, quiero ver dónde empezaron, quiero ver cuánto tardaron en llegar donde están, quiero ver si sus principios son los mismos que los míos: constancia, respeto, amor, dedicación, sufrimiento. En definitiva, todo lo que hace de un hombre… un hombre.

Porque sin principios, hermano, están *fakin* perdidos.

LOS NIVELES DE CONCIENCIA

Llevo más de diez años en el mundo del coaching, tanto como alumno como coach. Y si hay algo que he aprendido es esto: la mayoría de los principiantes se engañan a sí mismos. Creen que están trabajando más duro de lo que realmente trabajan y se creen mejores de lo que realmente son.

> El mundo suele separar a las personas por su nivel económico. Yo no: a mí me gusta separarlas por su nivel de conciencia, ya que es la raíz de todo.

Tu nivel de conciencia es lo que determina tu nivel económico, tu salud, tus relaciones y, en definitiva, tu vida entera. Por eso yo siempre me centro en el desarrollo personal. Porque si tú mejoras, todo mejora contigo.

Podemos dividir a las personas en cuatro niveles de conciencia:

1. Nivel Pobre / Trabajadores / Plebeyos
2. Nivel Medio
3. Nivel Alto
4. Nivel Mundial

Nivel Pobre: Sobrevivir en piloto automático

Aquellos con un nivel de conciencia pobre apenas sobreviven. Van mes a mes, contando las horas para que llegue el fin de semana y puedan escapar de su realidad con fiestas, drogas o cualquier tipo de placer inmediato. Cuentan los días para retirarse y no tener que trabajar… porque odian sus trabajos. No esperan mucho de la vida y nadie a su alrededor espera mucho de ellos tampoco.

No tienen interés en elevar su nivel de conciencia y prefieren enterrar sus penas gastando todo su dinero en placeres inmediatos. Por lo general, no son conscientes de lo que sucede a su alrededor, ni tienen la más mínima motivación para progresar.

Nivel Medio: El autoengaño

Por mi propia experiencia, las personas que tienen un nivel medio de conciencia son las que más se engañan. Son los que se creen más listos que nadie, por eso, creen que no necesitan ayuda porque "ya lo saben todo." Pero la realidad es que no tienen NADA todavía.

Estas personas son las más incongruentes con la realidad. Pese a operar a un nivel de conciencia elevado que les permite comprender que existen niveles superiores, su EGO les impide acudir a personas de nivel alto o mundial para progresar. Sacan a Dios de la ecuación y piensan que recurrir a alguien es un signo de debilidad, cuando en realidad es todo lo contrario: demuestra humildad e inteligencia.

El gran problema de la clase media es su EGO. Tienen expectativas muy altas, pero una ética de trabajo muy baja. Sus acciones no están alineadas con sus deseos. Si acudiesen a alguien con un nivel de conciencia mundial que les ayudase a alinear sus pensamientos, palabras y acciones con sus deseos, elevarían su nivel de conciencia y, con el tiempo, materializarían cualquiera de esos deseos.

Los de la clase media quieren vivir la vida de aquellos que están en el nivel de conciencia mundial, pero no están dispuestos a pagar el precio por ello. Además, son incapaces de admitir esto a sí mismos porque su EGO los domina. Como enfrentarse a la realidad es doloroso, prefieren vivir en el autoengaño y convencerse de que están haciendo todo lo posible para alcanzar sus metas, pero la verdad es que no están ni operando al 15% de su potencial.

Nivel Alto: Lo tienes todo, pero...

Aquellos con un nivel de conciencia alto ya han escapado de la Matrix. Han comprendido cómo funciona el mundo y, por lo general, son personas que viven y tienen todo lo que un ser humano podría desear: dinero, coches, viajes, libertad.

Pero aquí es donde aparece el peligro. Cuando llegan a este punto, cuando ya han acumulado todo lo que siempre han soñado, se suelen apagar la llama y el hambre que los llevó hasta ahí. Aquí es donde muchos cometen el error de dejar el proceso que les hizo triunfar. Se acomodan, automatizan sus negocios y se salen, tienen más tiempo libre, y es entonces cuando suelen aparecer el aburrimiento, los deseos y los vicios.

Si no cuidan su entorno, rápidamente pueden caer de vuelta al nivel medio de conciencia, a la clase media. Si llegas a esta fase, todos querrán acercarse a ti, pero no por quienes eres, sino por lo que puedan sacar de ti.

Nivel Mundial: Dominando la realidad

Este nivel lo alcanzan los más grandes. Aquellos con un nivel de conciencia mundial son brutalmente honestos consigo mismos, operan siempre desde el amor y la verdad y, por último, inspiran a los demás, aunque a menudo ofendan a otros por ser tan honestos.

En este nivel de conciencia, miras a la realidad a la cara y dejas de autoengañarte. Aquí has aprendido a dominar tu mente por completo, eres consciente de ti mismo y de tu entorno y ves cosas que nadie más ve. Es el momento en el que aciertas en dianas que nadie más puede ver, en el que te llaman loco porque nadie comprende lo que haces o dices, el momento en el que se alcanza la grandeza.

En este nivel, has logrado tanto en la vida que la mayoría de las personas ni siquiera pueden imaginar tu realidad. Es cuando empiezas a sentirte atraído por lo espiritual porque nada material te llena ya. Solo encuentras plenitud ayudando a otros a ganar y estando cerca de Dios.

Este nivel está reservado para los elegidos de Dios. Solo pueden llegar aquí quienes han preparado su mente y alma durante toda su vida a través del sufrimiento.

Ahora que entiendes los diferentes niveles de conciencia, detente un momento, deja de engañarte y sé brutalmente honesto contigo mismo.

Pregúntate: ¿Son mis hábitos, acciones, pensamientos y comportamientos congruentes con la visión de vida que tengo?

Si no lo están, nunca verás tus sueños convertidos en realidad. Solo cuando alinees cada parte de ti con esa visión, día tras día, durante años, empezarás a materializarlos.

Hermano, si sueñas con un Lamborghini, pero el fin de semana sales de fiesta, tus acciones no están alineadas con el resultado que quieres.

Los principiantes operan desde el autoengaño. Los líderes operan desde la realidad objetiva.

Los hábitos, las acciones y el comportamiento de los líderes son congruentes con el tamaño de su visión de vida. Por eso los llamamos leyendas. Por eso los llamamos mensajeros de Dios.

PILAR V

ESPÍRITU

DIOS Y LA VERDAD

Dios siempre está con nosotros. Yo he llegado hasta aquí en la vida porque he seguido Su guía. Hermano, tu conciencia es la auténtica voz de Dios.

La forma más rápida de encontrar a Dios es encontrarte a ti mismo. Perseguir el dinero, por el contrario, es alejarte de ti mismo. Debes dejar de esconderte de ti mismo y dejar de esconderte de los demás.

> **La única manera de dejar de esconderte es decir siempre la verdad. A todo el mundo. No importa lo mucho que duela. No es mi verdad, no es tu verdad: es la verdad de Dios.**

Este es el camino hacia la verdadera libertad. Esto es lo que te hará libre, no el dinero. Si operas siempre desde la verdad y el amor, el dinero no será más que una consecuencia de quién eres. **Existen 5 niveles de verdad:**

- Empieza diciéndote la verdad sobre ti mismo.
- Sé honesto contigo mismo sobre lo que piensas de los demás.
- Di tu verdad sobre ti mismo a otra persona.
- Dile a alguien la verdad que ves en él o en ella.
- Habla a todos con total honestidad.

Empieza a decir la verdad ahora y nunca te detengas. Lo más probable es que te quedes solo porque muy poca gente vive completamente alineada con la verdad, es decir, la mayoría no vive alineada con Dios.

> **¿Qué frena a las personas de vivir desde la verdad siempre? Simple: el miedo. El miedo a la crítica. El miedo a no ser aceptado por su entorno. La *fakin* herramienta principal del Diablo.**

El secreto de todos los maestros es que siempre eligen lo mismo. No fallan. Van cada día por el mismo camino y toman las mismas decisiones una y otra vez hasta que sus deseos se convierten en realidad.

Pero claro… ¿qué sabré yo? Solo soy alguien que ha cumplido todos sus deseos y los de miles de seguidores y alumnos.

Recuerda esto: cada cambio de parecer trae consigo un cambio en la dirección de todo el universo, fuerzas que están más allá de nuestra comprensión. Cambiar de parecer constantemente solo te hace la vida más difícil. Así pues, ten un solo parecer y un solo propósito.

> **Si no sabes cuál es tu propósito todavía, sigue trabajando en ti, porque lo acabarás descubriendo.**

Dios te dará todo lo que manifiestes, sea bueno o malo. Por eso, si dices que estás cansado, estarás cansado. Si no crees que puedes lograr algo, no lo lograrás. Si dudas de que puedes comprarte un Lambo, adivina qué… nunca te lo comprarás.

Eres lo que piensas. Por eso, máquina, necesitas cambiar lo que piensas sobre ti mismo.

LA VERDADERA FELICIDAD NO RESIDE EN LO MUNDANO

La verdadera felicidad no está ligada a nada mundano. Venimos de un mundo puramente espiritual. Recuerda: no somos seres de este mundo teniendo experiencias espirituales, somos seres espirituales teniendo experiencias físicas. Llegamos a la vida plenos, con un alma que ya sabe quién es y con una misión que nos dio Dios antes de nacer. ¿Te has fijado que cuando somos niños es cuando más felices somos? ¿Nunca te has preguntado por qué?

La verdadera felicidad reside en la paz interior, en ser un maestro de vivir el momento, en lo que muchos llaman el *flow state*.

Cuando entras en *flow state*, pierdes la noción del tiempo y te desconectas de lo mundano. Básicamente, es como volver a nuestro ser original: el espiritual.

La solución a todos los problemas es espiritual, pero el sistema nos ha hecho creer que la solución está en lo externo, en lo material. Ya te digo yo, que lo tengo todo: ni los Lambos, ni las mansiones ni nada material te harán feliz. Es más: te aseguro que me ha sido más difícil encontrar la felicidad siendo millonario y teniéndolo todo que cuando no tenía nada y fregaba platos.

La realidad es que ya eres libre y todo es perfecto ahora. Hasta que no entiendas eso, nunca serás libre.

Lo único que construye a una gran persona es el sufrimiento. Ese sufrimiento forja el carácter. El sufrimiento que te hace crecer se convierte en *fakin* placer. Y cuando te conviertes en ese *fakin* animal que persigue ese sufrimiento cada día, *bro*, nada ni nadie te pueden parar.

Pero aquí está el error más común: una mala educación y un entorno tóxico nos hacen pensar que la felicidad viene del placer externo. Esto es una mentira peligrosa.

> **Es el exceso de placer lo que lleva
> a las personas a una vida vacía.**

Es ahí, en ese vacío, donde aparecen los pensamientos suicidas. Y te lo digo ya: si conoces a alguien que está en ese lugar oscuro o si tú mismo has estado ahí, la solución es simple: abandona todos los placeres y embárcate en una rutina de disciplina y sufrimiento. Empieza por tu físico.

Aquí te dejo los pasos para construir los hábitos que necesitas para vivir tu mejor versión. Es la rutina que ha cambiado mi vida y la de miles de personas:

1. Levántate a las 5:00 AM.
2. Tómate un café o un preentreno y ve directo al gym. Si no tienes gym, te revientas con 100-300 burpees.
3. Después del ejercicio, lee a los estoicos o algo positivo de desarrollo personal para aprender a vivir: autores como Napoleon Hill o Jim Rohn.
4. Trabaja.
5. Haz un segundo round de ejercicio cuando notes que baja tu frecuencia emocional. Mira el gráfico de frecuencias emocionales en Google.
6. Si no estás trabajando, dedica tu tiempo a ayudar a otras personas. La mejor manera de hacerlo es compartiendo tu sabiduría, tu historia y tu rutina diaria en redes sociales.
7. CERO VICIOS. Nada de alcohol, nada de drogas, nada de tabaco, nada de fiestas, nada de porno, nada de apuestas.

Recuerda: el placer es el enemigo. El placer es una herramienta del Diablo para llevarte a la oscuridad.

La libertad no es económica, hermano. Es espiritual. Pero no puedes ser libre espiritualmente si tu mente no lo es, y no puedes liberar tu mente si vives atrapado en el futuro, en el pasado o en la persecución del dinero.

El dinero no se persigue: se atrae, como todo en esta vida.

Disfrutando con mi mujer en Las Bahamas, navegando en yate, uno de nuestros pasatiempos favoritos. Ese viaje fue muy especial para mí porque el 8 de enero de 2024 tuve mi primer encuentro con Dios.

Si tu mente vive centrada en el futuro, en algo que no tienes ahora, no puede estar en el presente. Y si no estás en el presente, nunca podrás ser libre. El presente es lo único que existe, ¡el presente es lo único que importa!

El carácter es la manera de ser, pensar y actuar de todo ser humano. Así pues, tu carácter es lo que estructura tu mente. Por eso siempre digo: "eres lo que piensas."

> **Lo que piensas determina las acciones que tomas.**
> **Tus acciones se convierten en tu comportamiento.**
> **Tu comportamiento repetido crea tus hábitos.**
> **Y tus hábitos estructuran tu carácter. Al final,**
> **tu carácter crea una mente libre y eso es lo que**
> **define tu destino.**

Esto no es nada nuevo, ¡ya lo decía Aristóteles hace más de 2.000 años! Y, sin embargo, luego escuchas a los papanatas decir que no hace falta levantarse a las 5:00 AM. Que no hace falta ir al gym. ¡*Faaaak*, qué vergüenza para la raza humana y para el Creador! Estas personas no dominan lo más importante: el arte de vivir, el autodominio.

El sistema nos inculca hábitos orientados al placer. Nos enseña a amar el dinero como si fuera la meta y no una herramienta. Ese camino solo lleva a un lugar: vacío, oscuridad, depresión, suicidio.

Se puede ser espiritual y millonario al mismo tiempo: es la Matrix la que te ha vendido que debes escoger entre uno y otro.

> **La clave reside en amar a las personas y usar el**
> **dinero, no en amar el dinero y usar a las personas.**

Cuando amas el dinero, lo estás poniendo por encima de Dios, que lo es todo: es la conciencia, el amor, la abundancia, la paz. Dios trabaja a través de las personas.

"Nadie puede servir a dos señores, pues menospreciará a uno y amará al otro o querrá mucho a uno y despreciará al otro. Ustedes no pueden servir a la vez a Dios y a las riquezas" (Mateo 6:24, NVI).

La verdadera felicidad nunca estuvo en el dinero o en el placer. La verdadera felicidad está en dominarte a ti mismo, en vivir el momento presente y en construir unos hábitos y un carácter que estén alineados con tu propósito. Porque ahí es donde se encuentra la paz interior. Olvídate de lo mundano, porque en lo espiritual es donde empieza TODO.

CUANDO EL DOLOR SUPERA AL MIEDO

Cuando el dolor de tu realidad actual sea más grande que el miedo a lo desconocido ahí es cuando cambiarás y te adentrarás en lo desconocido.

Es cuando te dará igual que te llamen loco.

Es cuando te dará igual quedarte solo.

Es cuando entenderás que vas a sufrir, hagas lo que hagas. Ahora bien, sufrir en un futuro oscuro es morir y sufrir con un futuro brillante es *flow state*.

> **Cuando el dolor se vuelve tan intenso, cuando dices basta, en ese momento tomas una decisión: la decisión que cambia tu vida. ¿Cómo lo sé? Porque he estado ahí.**

El momento en el que yo dije basta tuvo lugar durante una crisis existencial. Un momento en el que no le veía sentido a seguir viviendo. Fue la época en que abandoné la universidad en mi cuarto año de carrera.

Estaba cansado de perseguir el dinero con varios trabajos y emprendimientos.

Estaba cansado de escapar de mi vida con fiestas y drogas.

Estaba cansado de ser uno más.

Estaba cansado de sentir que mi existencia no importaba.

Estaba cansado de pensar que, si moría, mi vida no habría impactado positivamente en ninguna otra vida.

> **Si ese momento de dar un giro brutal a tu vida no te ha llegado aún, busca aquello en tu vida que te causa dolor y multiplícalo. ¿Cómo haces eso? Simple: acércate a la VERDAD. ¡Acércate a la persona que te dice verdades que duelen!**

Cabrón, la idea es que esas verdades te hagan sangrar tanto que llegará el momento en que el dolor será mayor que el miedo a la crítica que hasta ahora te ha estado paralizando.

Ha llegado el momento: ¡METE EL DEDO EN TU PROPIA HERIDA!

NACER DE NUEVO

Cuando aceptes de verdad la muerte, cuando entiendas que todos vamos a morir y que la muerte es algo natural… solo en ese instante podrás empezar a vivir de verdad.

> **Para que las puertas de lo divino se abran ante ti, debes nacer de nuevo.**

Yo he pasado por ahí. Yo nací de nuevo cuando salí del hospital tras un grave accidente de moto. Pensé que nunca volvería a andar, pero Dios me dio otra oportunidad y gracias a Él pude salir del hospital por mi propio pie. Yo nací de nuevo cuando estuve al borde de una sobredosis de cocaína y Él me dio otra oportunidad para cambiar mi vida.

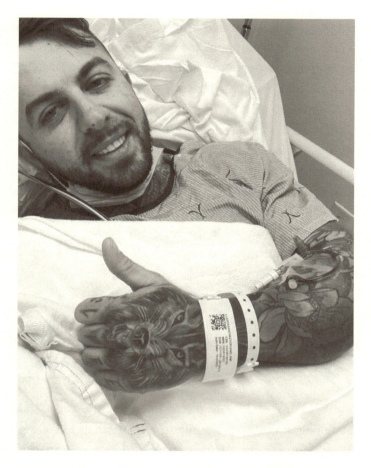

En 2020, después de que me atropellase un coche en Las Vegas.
Jesús hizo un milagro y me dio una nueva oportunidad para
servir al mundo.

La muerte no es el final, sino el principio.
La muerte no es un horror, sino una alegría.
La muerte no es algo raro, sino lo más natural del mundo.
La muerte no es una cárcel, sino la liberación del alma.
La muerte no es oscuridad, sino la mayor iluminación.

El sistema te ha enseñado durante toda tu vida que,
si amas hacer algo, no deberías cobrar por ello.

Te han programado para creer que, si trabajas en algo que odias, entonces mereces tu sueldo. Por eso la mayoría de las personas ganan dinero en empleos o negocios que detestan. Suelen ser empleos o negocios en los que se trabaja muy duro, muchos de ellos con mucha carga física, pero que no dan ninguna satisfacción o alegría. Esta gente se levanta cada día deseando que la jornada termine, contando las horas para que llegue el fin de semana.

El mensaje del sistema es este: "Si te sientes mal haciendo algo, te compensaremos con dinero." ¿Te das cuenta del problema? Esto crea una desalineación interna brutal. Porque todos queremos y a todos nos gusta el dinero, pero nos entrenan para pensar que debemos hacer algo malo para lograrlo, y que generarlo en grandes cantidades es también malo.

> **Por eso, cuando ven a personas como yo, que trabajan en lo que aman y que ganan cantidades masivas de dinero, muchos no lo entienden.**

Piensan: "Llados se lo está pasando en grande cada día, hace lo que ama y le pagan por ello. No puede ser… Esto es falso, seguro que es humo… ¡Debe ser un estafador! ¡A saber de qué manera ilícita genera tanto dinero!"

La mayoría de las personas no creen que sea posible generar dinero haciendo lo que te apasiona por la mentalidad que les ha instalado el sistema durante años.

Pues bien, tengo buenas noticias para ti: ¡SÍ ESTÁ BIEN GENERAR DINERO! ¡MUCHO *FAKIN* DINERO!

¡Sí está bien tener sexo! ¡Todo el que quieras, y con las mujeres más bonitas del mundo!

¡Sí está bien que te ames a ti mismo! Y no solo está bien, ¡sino que es obligatorio!

Lo que no está bien es enamorarte del dinero o volverte adicto al sexo. Pero DESEAR dinero, éxito, poder, amor propio, victorias... Eso no solo está bien, es TU DERECHO.

El sistema, que quiere que seas un plebeyo toda tu vida, busca que te sientas culpable. Culpable por desear más dinero. Culpable por querer cosas materiales. Culpable porque otros te admiren. Culpable por saber el por qué de las cosas. ¡Incluso quiere que te sientas culpable por querer conocer a Dios!

¿No te parece interesante que durante todos estos años el sistema te haya hecho sentir culpable por desear las cosas que más quieres? Todo está diseñado para mantenerte atrapado en la Matrix, para que no rompas las cadenas.

Pero eso se acaba hoy. Ahora estás aquí, leyendo esto, y déjame decirte: yo tengo todo lo que siempre he deseado y hago cada día lo que más amo. ¡Esa es la auténtica libertad!

Elige el sexo, pero no lo pongas por encima del amor, sino como una celebración de este.

Elige el poder, pero no para dominar a los demás, sino para empoderarlos.

Elige la fama, pero no para inflar tu ego, sino para llevar un gran mensaje que inspire al mundo.

Elige el éxito, pero no a costa de otros ni pisando a los demás, sino como una herramienta para ayudarles a alcanzarlo también.

Elige ganar, pero no a cualquier precio, sino cuando tu victoria genera fe en los demás.

Elige la admiración de los demás, pero no para sentirte superior que ellos ni verlos como seres inferiores, sino para acabar viéndolos como seres a los que podrás admirar tú también.

Elige siempre ser el puto amo, pero no para ser mejor que nadie, sino para ser mejor que quien eras ayer.

Elige siempre tener más, pero no por tener más que los demás, sino para poder dar más a los demás.

Elige saber y aprender más, pero no para alejarte de los demás, sino para compartir tus conocimientos con ellos.

Elige conocer a Dios, pero no para tener poder sobre los demás, sino para guiarlos hacia su creador.

TU VERDAD ESTÁ EN TU ALMA

El alma comprende lo que la mente no puede concebir. Si pasas todo tu tiempo pensando qué es lo mejor para ti, tus decisiones serán seguras, cómodas. ¿Y sabes qué pasa cuando eliges siempre lo cómodo? Te quedarás atrapado. Sentirás que no avanzas, que tu vida está en pausa. Tendrás siempre muchas expectativas, pero nunca darás el paso necesario para actuar. Acabarás paralizado, incapaz de tomar decisiones.

> **Cuando debas tomar grandes decisiones, tienes que salir de tu mente y adentrarte en lo espiritual. Debes eliminar el pensamiento y tomar acción escuchando únicamente a tu conciencia, que es la auténtica voz de Dios.**

¿Y cómo haces eso? Debes alinearte completamente. Esto significa eliminar todos tus vicios y ponerte en tu mejor forma física, mental y espiritual. No hay atajos. Esta es la ÚNICA forma de alinearte por completo. Esto es muy importante porque, cuando no estás alineado, la voz de tu conciencia es la del Diablo, quien te mantendrá eternamente *drifteando*, en círculos, y de este modo tu vida nunca avanzará.

El alma te habla a través de tus propios sentimientos. La mente, en cambio, crea sus conclusiones basándose en tus experiencias pasadas y en tu entorno. Pero escúchame bien, hermano: tus sentimientos nunca te meterán en problemas, porque son TU verdad.

La mayoría de las personas toman decisiones basándose en el análisis que su mente hace de la situación, y no en lo que dice su alma. La mente los lleva por caminos seguros. Son los que su entorno y su pasado han construido para ellos. De esta manera nunca podrán sentirse plenos y felices. La buena noticia es que esos caminos marcados por los demás no tienen por qué ser los tuyos.

Te doy un ejemplo: imagina que no te atreves a comenzar una relación con una mujer que te gusta porque otra mujer te hizo daño en el pasado. Esa es tu mente operando, cabrón. Si operas así en todas tus decisiones, tus experiencias pasadas controlarán tu futuro. Pero la vida no es eso. La vida es un proceso de creación continuo en el que vas descubriendo quién eres.

> **Y para entender quién eres y qué quieres en esta vida, debes aprender a tomar decisiones escuchando a tu alma, no a tu mente.**

La verdadera celebración, la auténtica plenitud, está fuera de la mente. Si escuchas a tu alma, sabrás qué es lo mejor para ti. Porque lo mejor para ti será siempre lo verdadero para ti. Cuando actúas desde esa verdad, aceleras tu proceso de autodescubrimiento. Empiezas a vivir en *flow state*, en armonía con quién eres realmente.

> **¿Alguna vez te has preguntado por qué tardas tanto en crear la realidad que deseas? La respuesta es simple: no has estado viviendo tu verdad, sino la de los demás.**

Conoce la verdad y la verdad te liberará. La verdadera libertad no se encuentra fuera de ti, está dentro, y no puedes alcanzarla si no dices siempre la verdad y escuchas a tu alma. Este camino hacia tu verdad empieza por contarle al mundo tu historia, sin filtros, incluyendo especialmente todo aquello de lo que te avergüenzas, porque compartir eso te liberará.

Tus pensamientos son solo eso: construcciones mentales, ideas, opiniones. Pero tus sentimientos, esos que vienen del alma, son reales. Son tu verdad. Son tu camino.

Los sentimientos son el lenguaje del alma, y el alma es tu verdad. Es tu camino hacia la paz interior. ¡Es única para ti! Ese camino es el que escribe la historia para la que viniste a este planeta llamado Tierra. Es el que creará todas tus futuras experiencias. Si lo escuchas atentamente, descubrirás la única guía que existe: el camino hacia Dios.

EL PROPÓSITO DEL ALMA

Desde el día en que nacemos, nuestra alma sabe quiénes somos y cuál es nuestro propósito, y la misión de todo ser humano es descubrirlo en este plano físico llamado Tierra. Esa es la meta de nuestra alma: reconocerse dentro del cuerpo para saber quiénes somos realmente.

Máquina, si logras este nivel de conciencia, nunca experimentarás lo que llamamos problemas. Ninguna situación será un obstáculo. Pondrás fin a toda preocupación, duda y miedo. Vivirás con la libertad que ya llevas dentro, con alegría, paz, sabiduría y un entendimiento completo de tu espíritu. En pocas palabras, te convertirás en un ser completamente realizado.

> **Grábate esto a fuego: nunca puedes ser libre si, aunque tengas todo lo material, tu alma sigue encarcelada internamente.**

Las leyes universales, las que estableció Dios, están ahí para que el mundo funcione perfectamente. Y, sin embargo, tú estás intentando lograrlo todo en el plano físico sin respetarlas ni seguirlas. Por eso sigues preso del mundo físico.

Si no vas hacia el interior, te quedas vacío. Y la realidad es que no hay nada que no puedas hacer, no hay nada que no puedas tener, no hay nada que no puedas ser.

Si alguien hubiese compartido estas frases conmigo hace unos años, ni las habría entendido ni me las habría creído. Porque para creer en algo que no tienes todavía, necesitas operar con FE. Desde que empecé a operar con FE, con el tiempo fui materializando todo lo que una vez soñé: supercoches, mansiones, jets privados, la mujer de mi vida…

Recuerdo perfectamente cuando me compré mi primer Lamborghini. Lo conseguí gracias a la FE. Pero a partir de ahí algo cambió en mí. Empecé a amar el dinero, y el dinero empezó a jugar conmigo como el Diablo. Dejé de escuchar mi conciencia, que es la voz de Dios.

Me salí de mi negocio, dejé de atender a mis clientes, esos mismos clientes que habían hecho posible que viviese mi vida soñada. Contraté a un equipo para que atendiese mi negocio, empecé a salir de fiesta otra vez, a drogarme, a actuar en contra de mi propia conciencia.

El resultado fue devastador: estuve a punto de morir por una sobredosis de cocaína, casi pierdo al amor de mi vida, casi muero en un accidente de moto. Pero en todas esas situaciones, Dios me salvó. ¿Por qué? Porque Él pudo sentir mi alma, porque pudo sentir quién era realmente y porque tenía un plan masivo para mí: ¡salvar millones de vidas en este plano de la Tierra!

Y aquí estoy, cumpliendo ese plan. Estás leyendo este libro por una razón. No has llegado aquí por casualidad. No es una coincidencia, porque las coincidencias no existen.

El propósito de tu vida es crear, experimentar y desarrollarte como persona en el único momento que existe: el AHORA.

Máquina, la vida que vas a experimentar no la eliges en el pasado ni en el futuro. La eliges ahora, ¡siempre ahora, *faaak*!

AMOR O MIEDO

¿Te has preguntado alguna vez cuál es el origen de toda acción del ser humano?

Bro, como llevo diciendo mucho tiempo, el sistema tradicional solo quiere confundirte. No te ha enseñado a vivir, sino a sobrevivir, pues desde pequeño te han educado a través del miedo.

> **Cada acción que tomas en esta vida, ya sea en relaciones, negocios, educación o diversión, se basa siempre en una de estas dos emociones: el amor o el miedo.**

Mientras Dios infunde amor, el Diablo extiende el miedo a través de las mentes de sus muchos mensajeros.

> **Un líder opera desde el AMOR.**
> **Un plebeyo opera desde el MIEDO.**

Todo en este mundo es energía, y estas dos emociones, el amor y el miedo, son las dos caras de esa energía. El miedo es esa energía que te contrae, ralentiza e incluso paraliza. La que te hace huir y esconderte. El miedo MIENTE.

El amor es la energía que expande, crece, entrega, sirve, da, permanece, comparte y sana. El amor es la VERDAD, ¡y especialmente si duele, cabrón!

Dios quiere que su familia hable la verdad, tal y como hizo Jesús. El dolor de la verdad hará que otros se avergüencen y sientan el arrepentimiento que desembocará en un cambio de actitud. Esa es la única manera en que una persona puede cambiar su realidad.

Ejemplo: alguien que nunca se quita la ropa siente miedo, pero alguien que va siempre sin camiseta siente amor.

Mirando atrás, me doy cuenta de que cuando empecé a amarme a mí mismo, dejé las drogas, la fiesta y me puse en forma. Vivía 24/7 sin camiseta, yendo así a todos lados. Porque ya no tenía miedo. Y ahora paso a darte un resumen que te va a volar la cabeza:

El miedo paraliza y te limita al conocimiento de este mundo; el amor recibe la sabiduría de Dios y la regala a los demás.

El miedo demanda; el amor agradece.

El miedo retiene; el amor aprecia.

El miedo irrita; el amor calma.

El miedo estresa; el amor relaja.

El miedo causa daño; el amor enmienda.

> **Repito: cada pensamiento, cada acción, cada reacción y cada palabra que dices o haces están basadas en el amor y el miedo. No puedes elegir otra emoción o sentimiento, porque no existe.**

Ahora bien, eres libre de elegir qué camino tomas, pero para poder hacerlo, debes controlar tu mente y tus emociones. Esto, cabrón, se llama desarrollo personal. Dominar tu cuerpo, tu mente y tu espíritu.

Mientras que la educación tradicional está basada en el MIEDO, las enseñanzas que imparto en *Llados University* están basadas en el AMOR. Máquina, tú eliges qué energía domina tu vida: el amor que te expande o el miedo que te paraliza. El crecimiento masivo o el terror y la inseguridad.

Debes aprender a identificar quién te habla desde el AMOR y quién desde el MIEDO. Toda acción se basa en una sola de esas dos cosas.

La televisión y los medios tradicionales son herramientas del Diablo para infundir miedo. Todo es mentira. De hecho, los medios difunden mentiras para meterte MIEDO y, como siempre, desviarte del camino.

Y ese camino no es mi camino. Recuerda, yo solo soy un mensajero.

Toda mi gloria es para Dios.

Solamente puedes caminar por uno de los dos siguientes caminos:

1. El camino de la luz, con la verdad, el amor y la fe.

2. El camino de la oscuridad, con la mentira.

¿Cómo he logrado ser FELIZ tanto cuando fregaba platos y vivía en un hostal, como cuando conduzco un Bugatti?

Simple:

- NO VEO LA TELE.
- NO VEO, ESCUCHO NI LEO NINGÚN MEDIO DE CO-MUNICACIÓN.
- Solo escucho a mi conciencia, que es la voz de Dios.

¿Ves? Yo no te digo qué debes hacer, como hacen los medios. Yo te digo: escucha tu conciencia. Hazlo, y verás cómo en unos meses tu camino y el mío se juntan.

Escúchame, Padre.

Levántate y salva a los que están perdidos.

Libéralos de la trampa de la Matrix.

En ti confío, Padre.

En ti me refugio, Padre.

Tú, que todo lo puedes, aparta de todo mal a quien lea esta oración.

Hazlos libres de todos los vicios y temores.

Y hágase tu voluntad, y no la del *fakin* blando que vive dentro de ellos.

PLEBEYO O CREADOR

Escúchame bien: la obediencia no es creación. La obediencia es ser un empleado, es ser un esclavo, es ser un plebeyo. Es no tomar riesgos, no asumir responsabilidad. Y mientras vivas obedeciendo al mundo, nunca podrás escapar del sistema creado por ese mismo mundo. Solamente debes escuchar a tu conciencia y no cuestionarla, porque es la auténtica voz de Dios.

La obediencia es solo una respuesta, es un comentario, es añadir algo a algo que ya existe. La creación, en cambio, es una decisión pura que se origina en tu alma. La creación no es obligatoria, es opcional.

Los *haters* se limitan a obedecer, a reaccionar y comentar sobre algo CREADO desde el alma de un líder.

Solo puedes salvarte a través de la decisión pura. La única vía para escapar del sistema, para descubrir quién eres y por qué estás en este planeta, la marca tu propósito.

> **La función del alma es indicar su deseo, no imponerlo.**
>
> **La f}unción de la mente es elegir entre las alternativas.**
>
> **La función del cuerpo es actuar en base a lo decidido por la mente.**
>
> **Cuando alma, mente y cuerpo crean juntos en armonía, Dios se vuelve tangible.**

Lee lo anterior una y otra vez hasta que lo comprendas. Porque solo cuando lo hayas entendido en su totalidad, alcanzarás la verdadera libertad.

> **Tu alma crea dentro de ti los deseos necesarios para que seas, hagas y tengas lo que necesitas para saber Quién Eres en realidad.**

Hermano, de nuevo, lee esta frase otra vez, porque es una brutalidad lo que va a cambiar tu vida si la comprendes desde lo más profundo de ti.

Es tu alma, y no yo, la que te ha traído las palabras que estás leyendo ahora mismo. Tu alma siempre te quiere llevar de vuelta a tu creador a través de palabras de sabiduría y la verdad. Las preguntas que te hago son: ¿qué harás ahora? ¿Qué vas a elegir SER?

Tu alma solo puede guiarte. Te observa, esperando con interés la decisión que tomes. Lo ha hecho siempre. Cuando logras ciertos estados de conciencia, cuando te alineas por completo durante un periodo largo de tiempo, es inevitable tener éxito en lo que haces, es inevitable destacar, es inevitable inspirar a los demás, es inevitable ofender, es inevitable que hablen bien y mal de ti.

> **A diferencia de los plebeyos, los verdaderos maestros no se preocupan por ganarse la vida. Los maestros CREAN la vida que desean.**

Cuando superas cierto nivel de conciencia, cuando creas una vida tan plena, tan llena, tan magnífica y con un propósito tan definido, los bienes y el éxito mundanos ya no te interesan. En otras palabras, ya no deseas el dinero, ya no necesitas que los demás te miren.

¿Y sabes qué es lo más *fakin* irónico de la vida? Que tan pronto como dejes de desear el dinero, tan pronto como dejes de perseguir el éxito, ¡el camino se abrirá y ambos fluirán hacia ti!

Por eso siempre digo: hasta que no dejes de desear el Lambo, el Lambo no vendrá a ti.

Bro, recuerda esto: no puedes tener lo que quieres, pero puedes experimentar lo que tienes. El único objetivo es ser agradecido.

TOMA DECISIONES DESDE UNA FRECUENCIA ELEVADA

> **Nunca olvides esto: solamente debes tomar decisiones importantes cuando estés vibrando en una frecuencia emocional elevada.**

¿Por qué?

Porque cuando estás vibrando bajo, estás en posesión demoníaca. Sientes vergüenza, culpa, miedo… Y todas las decisiones que tomes desde ahí estarán basadas en el MIEDO, por lo que te hundirás más y más.

En cambio, cuando estás vibrando alto, cuando sientes amor, iluminación, paz y alegría, estás conectado con la iluminación de Dios. Desde ahí, tomas decisiones basadas en el AMOR. Y esas son las decisiones que siempre te harán crecer, que traerán abundancia a tu vida y te permitirán ayudar a los demás.

> **Recuerda: el mundo es un espejo, no una ventana. Recibes lo que das.**

Entonces, ¿qué te hace pensar que, si vas por ahí tirando miedo, criticando, dando un mal ejemplo y quitándole fe a la gente, el universo te va a bendecir con una gran vida de abundancia y éxito? Hermano, el mundo no funciona así. Lo que das, regresa. No hay más.

Míralo de esta manera: ahora mismo, ¿tus pensamientos, acciones y palabras están dándole FE a los demás o se la están quitando? ¡Exacto! Tu vida será la de tus sueños el día en que todos tus pensamientos, acciones y palabras estén alineados e infundan FE en los demás. Solo entonces el universo responderá y materializará esos grandes resultados con los que sueñas.

Pero ojo: cuando alcances ese nivel, no te relajes. Porque si dejas de actuar desde esa frecuencia elevada, el Diablo volverá rápido para quitártelo todo. ¿Cómo? A través de los vicios, las distracciones y las malas compañías.

Máquina, si no sabes de qué te hablo, **busca en Google el gráfico de "frecuencia emocional."** Esto sí deberías estudiarlo, cabrón, porque te enseña a vivir de verdad. Y créeme, esto es mucho más importante que cualquier mierda que aprendas en la universidad.

¿Por qué te estoy contando esto? Para que entiendas claramente por qué muchas veces confundes la voz de Dios, que es tu conciencia elevada, con el miedo, que es la voz del Diablo.

¿Sabes por qué cambias tantas veces de opinión? Porque tomas una decisión desde una frecuencia elevada, desde el amor y la fe, escuchando la voz de Dios. Pero luego tu frecuencia baja rápidamente cuando te expones a personas que vibran bajo… personas que operan escuchando la voz del Diablo, desde el miedo, desde la crítica. El resultado: dejas de confiar en la decisión que tomaste desde el amor.

Cuando seas consciente de esto, aléjate lo antes posible de esas personas y destroza tu cuerpo haciendo push-ups y burpees hasta que vuelvas a elevarte a esa frecuencia emocional alta, a la iluminación, al amor, a la paz. Esa frecuencia desde donde Dios te habla y toma decisiones contigo.

LOS SENTIMIENTOS Y LA VERDAD

Los sentimientos no son ni negativos ni destructivos. Son simplemente verdades.

Bro, expresar tu verdad no es dañino. Cuando la expresas desde el amor, rara vez ocurren resultados negativos y, si los hay, es porque alguien ha decidido experimentar tu verdad de una manera negativa.

Las personas tienen tanto miedo a la crítica, tanto miedo a no ser aceptadas en su círculo que prefieren no decir la verdad. Lo que importa no es cómo se recibe una verdad, ya que tú no puedes controlar eso. Lo que importa es cómo la envíes, y siempre que lo hagas con amor, buena intención y honestidad, estarás haciendo lo correcto.

Si no es verdad, no lo digas.
Si no está bien, no lo hagas.

Un líder no busca gustar. Un líder opera desde la verdad porque sabe que esa verdad es lo único que ayudará a los demás. Debes vivir, decir y compartir la cruda realidad.

No puedes dejar que personas que viven en la mentira te impidan vivir tu verdad. Dejar de expresar sentimientos negativos no hace que desaparezcan; de hecho, los mantiene atrapados dentro de ti y los hace crecer, ¡*faaak*!

Los sentimientos negativos retenidos dañan el cuerpo y agobian el alma. Literal, nunca podrás ser libre si retienes esos sentimientos por miedo a soltarlos. Así que expresa siempre tus verdaderos sentimientos, sean buenos o malos: es la única manera de ser libre.

ALCOHOL Y DROGAS: CÓMO TE DESTRUYEN A TI Y A TU FAMILIA

La realidad es que, cuando yo me drogaba, pensaba que tenía la mejor vida del mundo. Pero si supieras el daño que nos hacemos con las drogas, y el daño que causamos a nuestras familias y a las personas cercanas que no tienen vicios, te lo digo ya: no lo harías.

Hermano, tienes que valorarte. Tienes que amarte. Si no te amas, nadie más te puede amar. Deja las drogas, haz ejercicio a diario y crea esa claridad mental que te mostrará tu camino y tu propósito, que te conectará con la inteligencia infinita que te ayudará a construir la vida de tus sueños.

> Te prometo esto: si dejas las drogas durante meses, llegará un día en el que mirarás atrás y dirás, *fakkk*, ¿cómo podía hacerme esto a mí mismo?

Si te drogas o bebes alcohol, entérate de que eres un egoísta. Le estás quitando la paz mental a tu familia. Esa misma familia que te quiere y que no se intoxica como tú. Así que no tienes mi respeto, ¡ni el de nadie que realmente se respete!

¡Y lo peor de todo es que te crees que estás ganando en la vida porque estás en un VIP! *Bro,* ojalá hubiera tenido a mi yo actual hace años para sacarme de esa vida de mierda. Si sales de fiesta, te drogas o bebes alcohol, pregúntate esto: ¿de qué coño estás escapando? ¿Tan mala es tu vida?

¡Mi propósito ahora es despertar al mundo y hacerles ver que esa mierda es simplemente escapar! Estás ralentizando masivamente tu progreso. ¡Te estás destruyendo, cabrón!

¡Deja de ser un egoísta! ¡Deja de destrozarte la vida! ¡Empieza a respetarte, cabrón! ¡Empieza a amarte! *Fakkk*, ¡la vida es increíble! ¡No entiendes el futuro que puedes tener! ¡Mírame a mí, cabrón! ¡Mira a mis alumnos! ¿Qué más pruebas necesitas del universo?

> **¿Te has preguntado alguna vez por qué no les dices a tus padres que te drogas o que bebes alcohol? La respuesta es simple: porque te avergüenzas. Porque sabes que está mal.**
>
> **Y ese arrepentimiento no es casualidad, máquina. El arrepentimiento es tu guía. Es tu conciencia indicándote cómo ser tu mejor versión.**

Es curioso cómo el alcohol se ha normalizado tanto que los perdedores lo ven como algo normal. Pero el alcohol sigue siendo una droga, igual que la cocaína, aunque como es legal y hay un negocio masivo detrás... crees que no pasa nada.

El alcohol es la herramienta que usan para mantenerte controlado, para darte tu dosis de FALSA FELICIDAD.

¿Pero qué sabré yo? Solo sé que ahora, mientras escribo esto, son las 6:00 AM. Antes, a esta hora, iba hasta el culo de cocaína. No sabía ni quién era.

Ahora me levanto alineado con mi mejor versión, feliz, en mi mansión de 20 millones de dólares en una de las mejores islas de Miami.

Lo mejor es que ya no escapo de mi vida, disfruto el presente, vivo cada día como si fuera el último y me dejo el 100% en todo lo que hago cada día. No hay mejor sensación que sentir que mereces todo lo que tienes, y mucho más.

El trabajo infunde valor. Evitar los vicios te hace sentir que mereces mucho más en la vida.

Debemos vivir de tal manera que no causemos ningún tropiezo a los demás, tal y como vivía Jesús. En cuanto a mí, sé que Dios me seguirá bendiciendo por ser esa LUZ que este mundo necesita, por ser ese hombre que yo mismo necesitaba en mis momentos más oscuros.

Cada día muestro mi agradecimiento a Dios por haberme guiado a encontrarme a mí mismo. Pero entiende esto: ser agradecido no es solo dar las gracias. Ser agradecido es tomar acción masiva cada día, ¡Es la única manera de hacerlo!

Estoy agradecido por tener un cuerpo saludable. Agradecido por tener otras 24 horas en este maravilloso planeta para dar el 100%, cabrón.

¿Crees que el jet, la mansión, el Bugatti y los relojes son mi cima? *Fakkk*, ¡esta mansión de 20 millones en Miami me la suda! ¡Esto no es más que el principio! Solo tengo 33 años y tan solo llevo tres años completamente alineado, sin drogas.

Si crees que esto es éxito, sigue perdiendo tu tiempo cinco años más, y luego búscame en las redes sociales para ver dónde estoy yo.

La verdadera felicidad es el progreso. Sin progreso no vives, solo sobrevives.

OPERAR DESDE EL AMOR

Dios quiere que todo el proceso de tu vida sea una experiencia de alegría constante. Por eso, hermano, siempre debes operar desde el amor, nunca desde el miedo.

> **El amor es fe. Es expansión, crecimiento, *flow state*, felicidad, bombeo muscular, acción. El amor es Dios.**

El miedo, en cambio, es la herramienta que el diablo usa para mantenerte atrapado en la Matrix. El miedo te paraliza, te contrae, inhibe la acción, crea dudas, te hunde, te saca del *flow state* y te hace tomar decisiones conservadoras que te impiden avanzar.

Dios quiere que no pares nunca de crear y expandirte. Por eso, nunca puedes sentir miedo. Porque el miedo es contracción, y la contracción es lo opuesto al amor, que es expansión.

Dios quiere que tu vida sea un proceso en el que encuentres una realización completa en cada momento presente. Por eso debes aprender a estar presente. Y para estar presente, necesitas estar orgulloso de tu presencia. Para estar orgulloso de tu presencia, necesitas estar orgulloso de tu cuerpo. Por eso, la base de todo es trabajar para estar siempre en tu mejor forma física.

> **La libertad no es la libertad financiera. La verdadera libertad es operar siempre desde el amor.**

Puedes generar millones de dólares y aun así vivir con miedo, por lo que en ese caso no eres libre. Pero también puedes tener 50 dólares en tu cuenta bancaria, estar fregando platos como yo en 2015, operar desde el amor y ser un alma completamente libre.

Así que ya sabes, máquina: opera desde el amor y serás libre.

QUÉ SIGNIFICA JESÚS

Jesús es una relación, no una religión.

¡No pertenezco a ninguna religión!

Soy un fiel seguidor de Jesús y mi misión es unir a todos a través del amor, no a través de ninguna religión.

¿Cómo me liberé del vacío del mundo? ¿De las fiestas y las drogas? ¿De vivir una vida sin propósito? ¿De la sed insaciable de lo material? ¿Del deseo sexual con latinas?

Simple: poco a poco reemplacé mis palabras y pensamientos con los de la palabra de Dios, la única verdad que nunca cambia y que lleva a la vida eterna y la salvación.

La realidad es que todos formamos un solo cuerpo. El mundo entero está unido. Todos los seres humanos estamos unidos en cuerpo a Jesús. Por eso no debemos compararnos con los demás ni pelearnos entre nosotros. Cuando hay una pelea dentro de una familia, eso solo causa problemas. Una familia debe colaborar y todos deben ayudarse los unos a los otros, cada miembro ha de alegrarse de que otro miembro gane y no tener envidia.

Tus propios pensamientos y palabras solo te llevarán a la muerte. Sin embargo, pensar y actuar como Jesús te llevará a la vida eterna.

RECUPERA EL NIÑO QUE LLEVAS DENTRO

¿Quieres saber el secreto, máquina? Okey, aquí te lo revelo: ¡recupera al niño que llevas dentro! ¡Ese niño o niña que el *fakin* sistema te ha robado!

¿Sabes cómo se crea un adulto? Coges a un niño y lo llenas de miedo durante años. Pero, tal y como he dicho muchas veces, ¡yo no soy un adulto! ¡Soy un eterno niño con mucho dinero!

> **Mi objetivo no es ganar poder sobre ti como hace el sistema tradicional. Mi objetivo es empoderarte para que seas tú mismo y empieces a pensar por tu cuenta.**

Mi objetivo no es secuestrar al niño que llevas dentro, como sí han hecho la sociedad y el sistema educativo. Mi objetivo es devolverte a ese niño, porque ese niño es quien realmente eres. ¡Así te trajo Dios al mundo! Ahora dime, ¿tú crees que esta sociedad de mierda va a crear algo mejor que Dios?

> **¿Recuerdas cómo era la vida cuando eras un niño?**

¿Recuerdas cómo te lo pasabas en grande sin poseer nada material?

¿Recuerdas cómo los días parecían durar minutos?

¿Recuerdas la fe que tenías en todos tus sueños?

¿Recuerdas cómo creías que podías lograrlo todo?

¿Recuerdas cómo decías siempre la verdad, incluso cuando tus padres te decían que no podías decirle a tu tía Gloria que estaba gorda, aunque fuese cierto?

¿Recuerdas cómo querías lo mejor para tus amigos?

¿Recuerdas cómo ayudabas sin esperar nada a cambio?

¿Recuerdas cuando dabas tu comida a alguien con hambre en la calle?

¿Recuerdas cómo sonreías siempre?

¿Recuerdas cómo nada parecía un problema?

¿Recuerdas cómo no sentías estrés ni ansiedad?

¿Recuerdas cómo no necesitabas drogas para pasarlo bien?

¿Recuerdas cómo no necesitabas fiestas para disfrutar?

¿Recuerdas cómo no pensabas en el dinero, sino en seguir tu pasión?

Bro, ¿qué te pasó? Yo sé qué te pasó: ¡escuchaste y creíste a adultos dormidos que te arrastraron a ser uno más! Se llama educación tradicional cortándote las alas, quitándote la fe, ¡metiéndote miedo!

Para entrar en la universidad necesitas una nota mínima, pasar exámenes y, además, tienen que asegurarse de que piensas de cierta manera, de que te pueden controlar.

Sin embargo, en *Llados University*, cualquier persona en cualquier parte del mundo puede hacer mi **Reto de 90 días** para aprender a vivir y recuperar su niño interior. Aprenderás a vivir de nuevo siguiendo los pasos de Dios.

> Se acabó, ¡esto no puede seguir así! ¡La Nueva Era ha llegado! ¡Es hora de abrir los ojos y volver a vivir como un niño!

NO REACCIONES, CREA

> El mayor reto del ser humano es estar presente. Muchas personas piensan que, cuando tengan mucho dinero, vivirán al fin en el presente. Pero nada más lejos de la realidad: cuanto más dinero tienes, más difícil es estar presente.

¿Cómo lo sé? Porque yo he vivido con 50 dólares en el banco, comiendo latas de atún, y ahora mismo estoy escribiendo esto desde un jet privado, en el aire, mientras vuelo desde Miami a México.

*Volando en jet privado a Cancún. Poder hacerlo fue el mayor
logro como emprendedor: más que lujo, es la satisfacción de
haberlo conseguido.*

Máquina, debes SER el momento. Debes dejar de inventar cosas en el momento, debes dejar de reaccionar basándote en experiencias previas. Deja de crear pensamientos en un momento presente, porque cuando piensas demasiado, dejas de vivir el presente.

El problema es este: cuando llega el momento, empiezas a construir pensamientos sobre él. Te sales del momento, lo juzgas, reaccionas a lo que está pasando. Pero lo que deberías estar haciendo es crear en el momento. Eso, hermano, es lo que Dios quiere que hagamos: crear y seguir creando.

Solo cuando llegas al momento sin pensamientos previos, sin juzgar basándote en experiencias pasadas, puedes crear realmente quién eres. Solo entonces dejas de recrear quién fuiste en el pasado.

> **¿Entiendes ahora la razón por la que el ser humano no avanza? Porque no se sigue creando a sí mismo. La vida es un proceso de creación, pero tú sigues viviendo como si fuera un proceso de recreación.**

Y te preguntarás: "¿Cómo puedo crear en lugar de reaccionar al momento usando experiencias previas?" La realidad es que es "normal" reaccionar en base a tus experiencias previas. Pero que sea normal no significa que sea natural. No es como Dios nos creó. Si tienes dudas, fíjate en los niños.

> **Has de entender esto, aunque te vuele la cabeza: reaccionamos por miedo. Y el miedo nos impide crear desde una hoja en blanco.**

"Normal" hace referencia a algo que se hace habitualmente. "Natural" es lo que eres cuando dejas de intentar encajar en lo "normal." Natural y normal no son lo mismo, pues en realidad puedes elegir en todo momento si haces lo que normalmente haces o haces lo que naturalmente harías.

> **Y presta atención: nada es más natural que el amor. Si actúas desde el amor, estarás actuando naturalmente. Si reaccionas con miedo, ira o enfado, no estás actuando naturalmente.**

Cuando tienes experiencias previas dolorosas, debes ignorarlas y adentrarte en el momento. Ejemplo: no actúes con miedo al fracaso en una nueva relación solo porque la anterior no funcionó.

¿Y sabes qué pasa cuando por fin creas en lugar de reaccionar? Que empiezas a vivir como Dios te creó: libre, alineado, invencible. Así es como se alcanza el *flow state*. Así es como dejas de sobrevivir y empiezas a vivir de verdad.

EL OBJETIVO NO ES AGRADARTE A TI MISMO, SINO A DIOS

Primero, piensas que la clave de todo está en el dinero. Pero entonces lo consigues y te sientes más vacío que antes.

Luego, piensas que todo gira alrededor del estatus o la fama. Los logras y lo único que quieres es que nadie te vea.

Después, piensas que el secreto es estar con muchas mujeres. Y cuando lo logras, el vacío sigue ahí, más grande que nunca.

Al final, hermano, te das cuenta de la verdad: nunca buscaste dentro de ti, sino fuera de ti. Si quieres llegar a ayudar a los demás, primero debes construir a la persona a la que tú mismo escucharías.

> **Aquellos que no ayudan a los demás nunca podrán agradar a Dios, y aquellos que no agradan a Dios nunca se sentirán completos ni en paz con ellos mismos.**

CÓMO ACTIVAR LOS TRUCOS EN LA VIDA REAL

Cuatro mil millones de hombres en el mundo y solo 500 Bugatti Chirons. Eso es el 0,00001%.

Fíjate: pasé de fregar platos en un restaurante a invertir en uno de los mejores de Estados Unidos. Con estrella Michelin, top 5 en 2024, abrió sus puertas en la primera mitad de 2025 en Miami y es el mejor restaurante de la ciudad.

Mi primer trabajo como inmigrante en Australia en 2014: me pasé todo fin de año trabajando y en Año Nuevo ya estaba abriendo el restaurante a las 5:00 AM.

La forma más rápida de llegar a algún lugar es acercándote a la persona que ya está ahí.

Máquina, esto no es física cuántica: he llegado hasta aquí escuchando mi conciencia, que es la verdadera voz de Dios.

Cuando esa voz me dijo: "Acércate a este hombre y aprende de él", hice exactamente eso. No cuestioné mi conciencia, y mucho menos escuché la voz de mi EGO. Porque el ego, ese que cree saberlo todo, está controlado por el Diablo.

Esa voz, la del ego, te está frenando para vivir tu mejor vida. No quiere que te acerques a esa persona que te llevará a la luz y a la abundancia.

Cuestionar tu conciencia es faltarle al respeto a Dios. Es como decirle: "Nah, *bro,* yo sé más que tú, a pesar de que creaste la tierra, el mar, el aire, el agua y el viento. Todo esto está muy bien, pero yo sé más que tú."

Si ya crees saberlo todo, ese es tu EGO hablando por ti. Y si es tu ego el que manda, no puedes aprender nada nuevo, nunca avanzarás.

La gente piensa que ya lo he logrado todo en la vida, pero, la realidad es que solo estoy empezando. Y lo mejor de todo es que me estoy trayendo a todos los míos conmigo. ¡Todo mi equipo gana, día tras día!

El trabajo es eterno. El servicio al Señor es eterno. Porque un día sin el Gran Jefe significa la muerte.

Te lo explico con unos ejemplos. Dios creó al árbol para que viviera en la tierra. Si sacas un árbol de la tierra, se muere, pero la tierra sigue igual. Dios creó al pez para que viviera en el mar. Si sacas un pez del mar, se muere, pero el mar sigue igual. Del mismo modo, Dios creó al ser humano a su imagen y semejanza. Si sacas al humano de Dios, se muere, pero Dios sigue igual.

¿Comprendes?

POR QUÉ ME LEVANTO A LAS 4:30 AM TODOS LOS DÍAS

La gente me pregunta: "¿Por qué te despiertas todos los días a las 4:30 AM, Llados? ¿Eso te hará millonario?"

Máquina, la respuesta es bastante simple: lo hago para agradar a Dios.

Al madrugar, al sufrir, le demuestro mi gratitud todos y cada uno de los días. Él me motiva a llevar una vida dura y disciplinada porque me ama. Cuando hago esto, entro en contacto con una frecuencia distinta a la mundana: la frecuencia espiritual.

En dicha frecuencia, todo está al revés, todo es distinto a la realidad de la mayoría. Aquí hay paz, todo es amor y abundancia, no existe el miedo. ¡Es increíble!

> **No me he convertido en millonario por levantarme a las 4:30 AM. Soy millonario porque complací a Dios durante años, porque me gané su amor y su confianza, porque nunca le fallé.**

Creé una relación con Dios, ¡y por eso Él me hizo millonario! Dios lo da todo. Dios lo quita todo.

Voy a mostrarte la diferencia entre tú y yo. Verás:
Yo trabajo para sentirme bien.
Yo me despierto a las 4:30 AM para sentirme bien.
Yo ayudo a los demás para sentirme bien.
Yo sufro cada día para sentirme bien.
¡Yo me siento bien complaciendo a Dios!

Tú, en cambio, haces todo para ganar dinero. ¡No estás complaciendo a Dios, hermano! ¡Estás intentando complacerte solamente a ti!

Este es el secreto por el que puedes hacer exactamente lo mismo que yo y sin embargo no obtener NADA. ¡La realidad es que nunca podrás ser constante con ese enfoque! ¡El dinero no es suficiente motivación para no fallar ni un solo día de tu vida! Necesitas algo mucho más potente, algo mucho más MASIVO. Algo que trascienda, un propósito que te acerque a Dios.

> **Yo moriré siendo una leyenda. Todos dirán: "¡Ese cabrón nunca falló, ese cabrón ha dejado un legado y una manera de vivir que inspirará a generaciones enteras!."**

Ahora bien, si te dedicas a perseguir el dinero, vivirás una vida insignificante, morirás… y nadie te recordará después de una semana.

Máquina, alinéate con tu propósito, no persigas el dinero. Ese es el camino.

LOS MILAGROS EXISTEN

Buscamos en los demás lo que creemos que nos falta a nosotros mismos. "Amamos" esperando sentirnos amados porque no nos amamos a nosotros mismos. Creemos que, si alguien más nos ama, entonces podremos amarnos. "Amamos" con la intención de obtener algo a cambio. Y este es el problema del mundo: esto que el mundo llama amor no es más que expectativas.

> **El amor real es incapaz de exigir nada, y mucho menos algo tan insignificante como que te pague la mitad de la cuenta en un restaurante o la mitad de la renta de tu casa.**

Los humanos buscan engrandecerse a través del amor, las posesiones o la aceptación. Pero el Ser que Dios creó no necesita nada externo. Ese Ser está eternamente completo tal como vino al mundo. Un Ser que busca compartir en vez de obtener, extender en vez de proyectar, que no tiene necesidades de ninguna clase y que solamente busca unirse a otros que, al igual que él, son conscientes de su abundancia interna.

El Ser que Dios creó trabaja con propósito, no por dinero.
El Ser que Dios creó tiene buenas intenciones.
El Ser que Dios creó ve el trabajo como una bendición.
El Ser que Dios creó trabaja para sentirse completo y, como consecuencia, compra. No compra para sentirse completo.
El Ser que Dios creó trabaja más cuanto más dinero genera.
El Ser que Dios creó vive de manera altruista.

La percepción es una función del cuerpo y, por lo tanto, supone una limitación de la conciencia. En la vida, la diferencia entre la clase pobre y la clase rica no está en el dinero, sino en el nivel de conciencia. El dinero es solo una consecuencia del nivel de conciencia del Ser.

Lo opuesto a ver con los ojos del cuerpo es lo que llamamos la visión de Cristo.
La perspectiva divina ve fortaleza en vez de debilidad.
La perspectiva divina ve oportunidades en vez de problemas.
La perspectiva divina ve unidad en vez de separación.
La perspectiva divina ve amor en vez de miedo.
La perspectiva divina ve eternidad en vez de fin.

¿Sabes por qué tantos seres humanos se quedan atascados en un evento doloroso de su vida? Porque no perdonan. Por mucho daño que alguien te haya causado, perdonar es la única vía para avanzar.

Perdonar a los demás es la única manera de ser perdonados, pues refleja la ley celestial según la cual dar es lo mismo que recibir. Cuando otro gana, tú también ganas. Guardar rencor o ira hacia alguien más te hace vibrar en una frecuencia emocional baja y nunca podrás avanzar en la vida mientras cargues con eso.

Al no mantener a nadie prisionero de la culpa, nos liberamos. La verdad te libera. El perdón te libera.

> **Cuando olvidamos todas nuestras percepciones erróneas y no permitimos que nada del pasado nos detenga, podemos acercarnos más a Dios.**

Los milagros son hábitos y deben ser involuntarios. Ocurren naturalmente como expresiones de amor. El verdadero milagro es el amor que los inspira. Los milagros son una forma de liberarse del miedo. Son la revelación de la verdad. Cuando elevas tu conciencia hasta el punto en que puedes ver con claridad lo que antes no veías, el miedo desaparece por completo.

Un ejemplo simple: ayer, en la mentoría en vivo de los sábados en *Llados University*, un alumno me dio las gracias entre lágrimas porque le había cambiado la vida. Me contó que, después de años perdido en las drogas y la depresión, al verme a mí y entrar en mi universidad, de la noche a la mañana dejó todos los vicios y ahora es otra persona. Esto es una obra de Dios. Esto es un milagro.

Un milagro, básicamente, es cuando consigues hacer algo que nunca habrías podido hacer o algo que te habría llevado siglos lograr. Muchas personas creen que los milagros no existen, pero no son ni más ni menos que pensamientos.

> **Los pensamientos pueden moverse en dos niveles: en el nivel inferior, que es la experiencia corporal, o en el nivel superior, que es la experiencia espiritual.**

La conciencia es el estado que induce a la acción, aunque no la inspira. Eres libre de creer lo que quieras y tus actos son el testimonio de tus creencias.

Hermano, no hay nada en mí que tú no puedas alcanzar. No tengo nada que no proceda de Dios. Tú tampoco.

TU PROPÓSITO EN LA TIERRA

Segundos antes de escribir estas palabras me encontraba descansando entre series en el gym. Entonces, he cerrado los ojos y he sentido la energía del universo fluyendo por todo mi cuerpo.

Solo puedo compararlo al subidón que sentía cuando tomaba MDMA en un festival, pero esto no tiene nada que ver, está en otro nivel, porque esto es REAL. Lo otro es una droga creada por el Diablo para engañar al ser humano, haciéndole creer que camina con un propósito, cuando en realidad camina hacia su muerte.

Todos somos una pieza clave de este puzzle llamado Universo, un puzzle creado por Dios. Fuimos creados con dones espirituales y cada persona cuenta con una misión específica y ÚNICA.

Todos formamos un solo cuerpo con Jesús, que es nuestro líder. Pero el mundo está demasiado despistado, con todos compitiendo contra todos, perdidos en la carrera de acumular cosas materiales. La gente ha perdido el foco en lo único que importa: trabajar en uno mismo para descubrir su auténtico potencial y propósito en este mundo.

No tengo duda de que mis palabras y mi impacto serán recordados durante siglos. Sé que mi generación no está lista para asimilarlo, pero las siguientes generaciones apreciarán aún más mi mensaje.

Hoy te ríes, pero mañana tú y todos hincaréis la rodilla ante el Rey de reyes, Jesús de Nazaret. Toda la gloria es y será para Él.

La verdad es que ya no me queda nada por ver ni experimentar en este mundo. Ahora soy un instrumento de Dios, el Gran Jefe que reina en los cielos, y sigo sus órdenes. El día en que mi cuerpo desaparezca de este mundo, no estéis tristes, porque ese día será un día de celebración en el cielo: mi misión en esta tierra habrá finalizado.

Hermano, el mundo funciona al revés que el Cielo. Cuando el mundo está de luto, el Cielo está de celebración. Cuando te eleves espiritualmente, este mundo no te comprenderá y, al igual que los grandes pensadores y genios que han pisado este planeta, serás incomprendido por las masas, pero amado por nuestro Padre.

Recuerda: mientras seas amado por este mundo, no podrás ser amado por el Creador. No puedes tener dos amos. Tú eliges a quién agradar: si a tus deseos o a los de Dios.

Por mucho tiempo viví para satisfacer mis propios deseos y los de este mundo. ¿Sabes a dónde me llevó eso? A un vacío cada vez más grande. Pero, desde que sigo la voluntad del Gran Jefe, cada vez tengo más paz, cada vez necesito menos de este mundo.

Este libro es una guía para que puedas encontrar los dones que te ha dado Dios y los puedas exprimir al máximo. Esto es lo que te permitirá caminar con el propósito para el que fuiste creado, lo que te permitirá servir a otros a través de tu marca personal y de tus redes sociales como lo hago yo.

En el siguiente libro podrás ver mucho mejor el lado espiritual en el que he estado trabajando estos últimos años y en el que tengo todo mi foco ahora mismo. Es decir, Jesús, Dios, y el deseo de elevarme espiritualmente.

Porque, después de haber logrado todos los deseos materiales que tenía en este mundo, no me quedaba más que profundizar en esta área porque sufría un vacío masivo. Y esto es lo que quiero dar al mundo, porque es lo único que va a hacerte sentir pleno, en paz y feliz independientemente de lo que tengas, ya sea un coche normal o un supercoche, una casa normal o una mansión, un empleo o un negocio multimillonario.

Vas por el camino adecuado, hermano.

AHORA TE TOCA A TI

TU HISTORIA ES TU FORTUNA

Quienes no puedan contar su historia están condenados a repetirla.

Máquina, coge el móvil y empieza a contar la tuya, porque tu historia es tu fortuna. Recuerda: tu historia es un regalo personalizado de Dios. Es lo único que te hace único. ¿Qué te impide contar tu historia? El miedo. Ese mismo miedo que también te impide tomar acción.

No olvides esto: Dios te regaló tu historia, y donde hay miedo no hay lugar para Dios.

Máquina, quiero que me cuentes cómo has vivido este libro. Mándame un mensaje por Instagram a @lladosfitness. Hazle una foto al libro y etiquétame: puede que te repostee.

A diferencia de otros escritores de bestsellers, yo te voy a responder si me escribes. Quiero construir una relación contigo porque el mundo se basa en relaciones.

Si sigues los consejos de este libro, te vas a quedar solo. Todas las personas de éxito han pasado por esto, porque tu entorno no cambiará contigo.

Cuando te sientas solo, no te preocupes. Tendrás a la familia *Llados University*. En la comunidad *Llados University*, todas estas bestias habrán leído este libro, como tú; están ganando, como tú; tienen fe, como tú; operan desde el amor, como tú.

Es muy posible que muchos de ellos vivan cerca de ti. Puedes ir a reventar un entrenamiento con ellos, a comer algo y a seguir creciendo juntos.

Si estás listo para entrar en esta familia, visita www.lladosuniversity.com y empieza a ganar en la vida con nosotros.

Nos vemos dentro.

AGRADECIMIENTOS

Es muy importante que nunca pierdas la humildad de agradecer a quien haya impactado en tu camino, porque por mucho éxito que acumules, recuerda: sin esas personas no estarías aquí.

Por eso, quiero decir que nada de lo que he construido tendría sentido sin los alumnos que han pasado por mi coaching y ahora por *Llados University* en estos últimos 10 años. Sois la razón por la que mi vida tiene sentido, los que me empujáis cada día a no fallar… porque no me permito fallaros a vosotros.

Gracias a Juanra González por ayudarme a llevar a cabo este libro filtrando y editando cientos de páginas con mis escritos y reflexiones. Gracias a Antuarezdesign por el diseño de la portada.

Quiero dar las gracias también a las personas que más han influido en mi vida:

Gracias a mi padre, Amadeo, que lo ha sacrificado absolutamente todo por mí. Me diste la mejor educación, y no solo con palabras, sino con tu ejemplo. Sin duda, has sido mi mejor mentor, el que me enseñó el valor del trabajo duro y la disciplina. Cuando era niño y me levantaba a las 8:00 AM para ir al colegio, tú ya estabas trabajando en tu despacho; cuando regresaba a las 5:00 PM, seguías trabajando; y cuando me iba a dormir a las 9:00 PM, te veía trabajando todavía más. Plantaste esa semilla de FE en mí y me hiciste ver todo mi potencial desde mi infancia. Gracias, papá, porque sin ti no habría llegado aquí y no habría impactado millones de vidas. ¡Lo hemos conseguido juntos, papá!

Gracias a mi madre, Silvia. No he conocido a una mujer tan buena como tú, capaz de sacrificarlo todo para que a mí no me faltara nada. Mamá, eres la mejor madre que un hijo pueda soñar.

Gracias a mi hermana, Silvia, por estar ahí siempre, apoyándome y dándolo todo día tras día con Llados University: siempre estás poniendo el trabajo, día a día, sin que nadie te vea.

Gracias a mi mentor, Wes Watson. Literal, fuiste la persona que me sacó de la fiesta y de las drogas con tu ejemplo de disciplina MASIVA. Jamás había visto algo así.

Gracias a mi mujer, Thalia. Llegaste a mi vida en el momento perfecto. Me apoyaste y creíste en mí cuando yo vivía en un hostal, cuando me recogías en tu Honda Accord sin airbag porque yo ni coche tenía. Eras feliz compartiendo comidas sencillas en casa porque yo no podía llevarte a cenar. Han sido años donde el mundo entero parecía estar en mi contra, pero yo siempre viví en mi propio mundo contigo. Eres mi luz en los momentos de oscuridad, mi mejor amiga, mi compañera de vida. Llevamos nueve años juntos y ocho casados, y ni siquiera la muerte nos va a separar. Al contrario, solo nos va a unir aún más en el cielo.

Y quiero acabar dándole las gracias a la persona más importante en mi vida: Jesús. Él ha salvado mi vida en numerosas ocasiones, cuando sufrí accidentes de moto, cuando estuve a punto de morir por sobredosis. Sin Jesús no soy nada. Él me ha guiado hasta aquí, me llevó a conocer a Dios y me da la paz que ni todo el éxito del mundo podría darme.

Sin todos ellos, nada de lo que estoy construyendo, incluido este libro, habría sido posible. Gracias, os quiero.